Secrets nazis

Secrets nazis

Secrets nazis

Une brèche occulte dans la trame de l'Histoire

Frank Lost

Actualités concernant les *Secrets Nazis* et d'autres livres sur :

www.euromyst.com

Traduit de l'anglais par une amie

Secrets nazis

Secrets nazis

TABLE DES MATIERES

Secrets nazis

Secrets nazis

INTRODUCTION

Parfois la réalité peut être plus étrange que la fiction. Il est donc inutile d'alourdir de fantaisies, voire de pures inventions, les faits historiques authentiques concernant le domaine de l'occultisme nazi, tout particulièrement quand on aborde leurs expéditions bizarres et leurs recherches pseudo-scientifiques.

L'amateur d'histoires sensationnelles et étranges pourra toujours se satisfaire à volonté du Projet Hexen sur les sorcières, dont Himmler avait ordonné la mise en œuvre, de la théorie de la Terre creuse ou des diverses lunes de la doctrine de la glace éternelle, tombant sur notre planète et anéantissant les Atlantes. A défaut d'être scientifiques, ces faits étaient considérés comme historiques par certains dignitaires nazis de très haut rang, quels qu'étranges et sensationnels qu'ils puissent sembler à nos contemporains.

Cela n'ajoute rien au troublant sortilège de telles histoires de les polluer avec des faits qui sont invérifiables ou pire, de les entacher de purs mensonges inventés de toutes pièces par de piètres auteurs à la recherche de best-sellers aussi rapidement rédigés que juteux financièrement. Ces inventions mensongères sont habituellement reprises sous des multitudes de formes différentes sur Internet, par d'autres « auteurs » qui y ajoutent leur « touche ou leur interprétation personnelles » tout en se nourrissant des élucubrations des uns et des autres.

Même lorsque l'on traite de matières ésotériques à la limite du mythe et de la réalité, il ne faut pas négliger les méthodes scientifiques éprouvées et mises en œuvre par Sagan. On se doit de ne travailler que sur des données expérimentales, des observations et des mesures fiables. Les faits doivent être corroborés et confirmés par des références dûment documentées. La logique seule doit être le fondement de tout raisonnement, et chaque maillon appartenant à la chaîne de nos observations doit être cohérent avec l'ensemble.

Formuler des hypothèses sur le lien possible entre deux événements séparés, sur le seul fondement qu'ils étaient proches dans le temps, l'espace ou par leur apparence, doit impérativement être confirmé par des éléments pertinents comme des preuves irréfutables de nature géographique ou physique.

La méthode de raisonnement dite du rasoir d'Ockham est dans ces recherches souvent couronnée de succès car elle s'appuie sur un principe de logique scientifique simple : les hypothèses suffisantes les plus simples sont les plus vraisemblables, bien que d'autres puissent paraître plus attrayantes. Le but que nous recherchons ici n'est pas de rédiger le scénario d'un film qui tienne le haut de l'affiche mais de découvrir ce qui s'est vraiment passé historiquement.

Parmi de nombreuses inventions « historiques », il n'en demeure pas moins que le livre *Le matin des magiciens* écrit en 1960 par Pauwels & Bergier reste captivant et souligne d'ailleurs à juste titre que l'ère nazie fut une brèche dans la trame de l'histoire qu'ils nomment l'Ailleurs Absolu. Ce qui s'est passé durant ces presque douze années de dictature, au cœur de l'Europe, dans une des nations les plus civilisées et industriellement avancées, ne s'accorde pas aux valeurs philosophiques et religieuses qui avaient cours partout ailleurs dans le monde à cette même époque. Il est donc nécessaire de revisiter tous les faits historiques liés aux

« bizarreries » nazies qui ne sont que très rarement abordées par les historiens établis.

Le véritable occultisme a bien existé dans l'Allemagne nazie mais il n'a pas été aussi répandu qu'on a bien voulu le dire. Il fut principalement centré sur les fantasmes personnels d'Himmler et de son petit cercle d'officiers de haut rang. Himmler était toutefois le très puissant Reichsführer de la très crainte SS, et en tant que tel, il a pu introduire des pratiques occultes et religieuses d'essence païenne dans la formation de ses moines-soldats, comme par exemple au château du Wewelsburg, destiné à être l'école de sa nouvelle élite.

Il fonda aussi un institut quasi-occulte et pseudo-scientifique, l'Ahnenerbe, qui organisa des expéditions aussi lointaines que le Tibet et rechercha le Saint Graal en France en pays cathare. Il est également intéressant de signaler qu'Himmler était également très intéressé par les persécutions subies par les sorcières sur le sol germanique durant le Moyen- Age.

Les fantaisies, les légendes urbaines, les inventions littéraires et les purs mensonges sont apparus après-guerre au début des années 60. Tout livre qui traitait des nazis et de l'occulte, de Satan, des OVNI ou de trésors cachés était assuré d'être vendu à plusieurs milliers d'exemplaires. Au-delà de cette approche purement commerciale de faux historiens et de conteurs de belles histoires, il existait un noyau d'auteurs plus dangereux et parfois fanatiques, qui réussirent dans une certaine mesure, par leurs écrits et leur enseignement, à développer un aspect semi-religieux du nazisme, qui constitue jusqu'à nos jours la base de mouvements néo-nazis dans le monde.

Nous aborderons donc plus profondément des thèmes comme le Soleil Noir ou la force du Vril car ils imprègnent nombre de ces croyances nazies New Age.

Ce livre a pour but de séparer les faits, aussi ésotériques et étranges qu'ils puissent paraître, des faux historiques de l'Après-Guerre et des mensonges à caractère plus ou moins commercial les accompagnant. L'amateur de mystères et de sombres secrets ne sera pas pour autant déçu, car dans cette quête la réalité est souvent plus étrange que la fiction.

ETRANGETES HISTORIQUES

Tout ce qui est étrange ne relève pas nécessairement de l'occulte ; tout ce qui est ésotérique n'est pas nécessairement bizarre, mais il y a des événements qui peuvent restés dissimulés pour des raisons très diverses.

Il existe ainsi des preuves tangibles que des faits pour le moins étranges se sont réellement produits durant le IIIe Reich. Ces faits sont rarement abordés par les historiens des principales écoles classiques, car ils ne se sentent à vrai dire pas très à l'aise avec le manichéisme qui fausse souvent la perception de la réalité des actions tant des Alliés que des forces de l'Axe. On peut supposer que la cause de ce phénomène tient probablement aux Tribunaux de Nuremberg organisés juste après la guerre par les forces alliées, où la nécessaire rationalité des débats ne pouvait s'asseoir sur des faits par trop ésotériques.

Il suffit de considérer également quelques faits troublants comme les discriminations raciales qui existaient envers les Noirs au sein des troupes américaines, ayant leurs propres bataillons séparés par couleur de peau, ou bien la récupération sans vergogne des prouesses techniques allemandes et de leurs savants, souvent nazis, sous la couverture d'opérations comme Paperclip, les autorisant à venir donner un coup de pouce technologique extraordinaire aux vainqueurs notamment dans le domaine de l'aéronautique.

Non-Européens & Juifs dans l'Armée allemande

Bien que le nazisme ait appliqué férocement ses théories raciales contre les non-Blancs, il accueillit curieusement dans les rangs de certaines de ses organisations des volontaires de presque toutes les ethnies. Selon Bryan Mark Rigg, dans son livre *La Tragédie des soldats Juifs d'Hitler*, il y eut jusqu'à 150.000 Juifs, ou partiellement Juifs, dans les forces armées allemandes régulières. Certains d'entre eux reçurent même de très hautes décorations militaires alors que d'autres atteignirent des rangs d'officiers supérieurs. Ces Juifs se considéraient toutefois avant tout comme Allemands, certains ayant déjà participé avec bravoure à la 1ère Guerre Mondiale.

Maréchal Erhard Milch

L'exemple le plus surprenant est sans doute celui du Maréchal Erhard Milch, qui était à moitié juif, et dont l'acte de naissance fut falsifié sur ordre de Göring en personne ; ce dernier opposait d'ailleurs aux nazis les plus fanatiques : « C'est moi qui décide qui est Juif et qui est Aryen ! »

Il y eut une exception légale aux lois de Nuremberg, appelée le concept d'*Aryens honoraires*. Tout le peuple japonais ainsi que les

Finlandais, qui ne sont pas de descendance indo-européenne, furent proclamés "Aryens honoraires". Certains Juifs furent également considérés comme tels, à très petite échelle, la plupart de ces rares exceptions étant des vétérans de la Première Guerre Mondiale qui gagnèrent des médailles militaires pour leur bravoure au combat.

Africain servant dans la Freies Arabien Legion

Il y avait également quelques Noirs qui vivaient malgré tout en Allemagne à cette époque. Certains furent stérilisés après la prise du pouvoir par les nazis, alors que d'autres furent durement discriminés par la population.

Les soldats américains noirs étaient habituellement traités beaucoup plus mal que les blancs. Quoique très rares, il y a pourtant eu des cas avérés de Noirs qui, on ne sait pour quelle raison ni suivant quelle exception, ont été enrôlés dans des organisations nazies comme les Jeunesses Hitlériennes et la Wehrmacht. On rapporte même qu'il y aurait eu certains Noirs à Berlin que l'on gardait dans des conditions relativement décentes afin de les faire jouer dans des films de propagande.

Les forces armées allemandes bénéficièrent de l'apport considérable d'un flux de volontaires de toutes nationalités et toutes ethnies. Des Indiens servirent sur le Mur de l'Atlantique, sous l'uniforme allemand dans l'Indische Legion, arborant leurs insignes nationaux ; de même des soldats noirs et arabes furent déployés en Afrique du Nord au sein de la Freies Arabien Legion.

Soldat Sikh de l'Indische Legion contrôlant des civils français (1944)

Les soldats qui n'étaient pas d'origine germanique furent enrôlés comme volontaires étrangers dans des légions rattachées à la Wehrmacht, alors que les candidats "aryens" rejoignaient habituellement la Waffen SS.

Au total, environ 120 nationalités se côtoyèrent dans la Waffen SS et les légions de volontaires étrangers, toutes races et religions confondues. Il y eut même, chose peu connue, quelques volontaires SS de nationalité américaine et britannique (Britisches Freikorps)

Fontaine de Vie et enlèvements d'enfants

Le Lebensborn, qui signifie en allemand Fontaine de Vie, n'était pas uniquement une organisation de reproduction d'enfants aryens ou de bordels pour SS comme cela a pu être affirmé après-guerre. Ses buts véritables étaient, à l'initiative personnelle d'Heinrich Himmler, d'abaisser le très haut taux d'avortement qui suivit la Première Guerre Mondiale (800.000 enfants/an), de prendre en charge les orphelins de la guerre prochaine, d'offrir une aide sociale étatique aux enfants nés hors mariage, allemands ou non, nés en Allemagne ou à l'étranger d'une union avec une femme d'un pays occupé, mais bien entendu de type aryen.

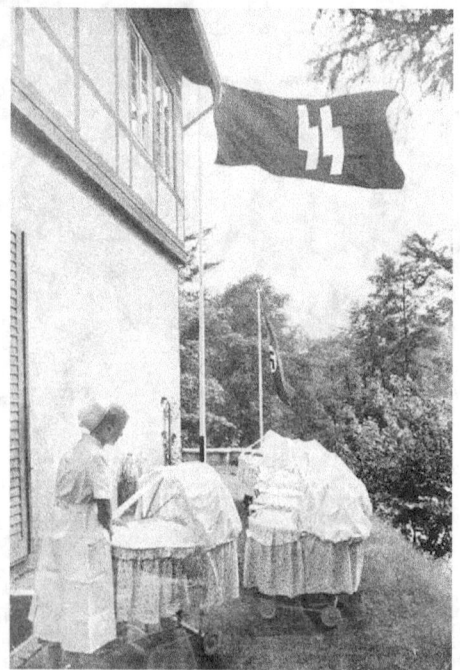

Puéricultrice s'occupant d'enfants aryens dans un Lebensborn.

Ainsi, les femmes, dont environ 60% n'étaient pas mariées, avaient la possibilité d'accoucher anonymement afin que leur enfant soit ensuite adopté par une famille aryenne.

L'éligibilité d'un enfant au Lebensborn était bien entendu en accord total avec l'application des lois raciales de Nuremberg et ne pouvait donc que bénéficier aux membres de la soi-disant race nordique ou race aryenne.

Bien qu'indirectement impliqué, le Lebensborn a aidé à héberger grand nombre des enfants polonais enlevés brutalement à leur famille afin d'être germanisés. Un total d'environ 200.000 enfants polonais, de moins de 10 ans et présentant une « valeur raciale » furent arrachés de leurs familles et emmenés en Allemagne afin d'être élevés par des familles allemandes, selon les principes de l'idéologie national-socialiste. A une échelle moindre, de tels enlèvements ont également eu lieu dans d'autres pays occupés (Yougoslavie, Ukraine, Russie, Norvège etc.).

Il semble toutefois que le Lebensborn n'était que la partie visible de l'iceberg en ce qui concerne le plus vaste problème des enfants considérés comme aryens à travers toute l'Europe occupée. En-dehors des enlèvements caractérisés, de nombreux enfants illégitimes sont nés des relations intimes entre certains soldats allemands et des femmes des pays occupés. En France seulement, le nombre de ces enfants, appelés « Enfants de la Guerre », est estimé à environ 200.000. En Belgique, il y en aurait eu environ 40.000, aux Pays-Bas 20.000, en Norvège 12.000 et 4.000 en Finlande. Ces chiffres sont bien évidemment approximatifs et non exhaustifs. Après la guerre, ces enfants furent souvent durement discriminés comme des « traîtres ».

Le Lac Toplitz : l'Abysse nazi

Le lac Toplitz est situé dans les montagnes près de Salzbourg en Autriche. On ne peut accéder à ses berges qu'à pied, dès lors que l'unique sentier qui les longe est propriété privée. Le lac est très étroit (400 m), n'est pas très long (2 km), mais il est très profond (108 m). Pour ces raisons spécifiques, les Allemands l'utilisèrent afin de tester des torpilles sous-marines.

Vers la fin de la guerre, les nazis avaient envisagé de protéger Hitler dans cette forteresse alpine et d'y organiser une guérilla de la dernière chance contre les troupes alliées qui se rapprochaient dangereusement. Toutefois, Hitler se suicida le 30 avril 1945 et dès lors cette « forteresse » fut utilisée comme ultime moyen pour cacher certains secrets du IIIe Reich, afin qu'ils ne tombent pas aux mains des Alliés.

Les eaux sombres et profondes du lac Toplitz .

Durant les tout derniers jours de la Seconde Guerre Mondiale, un camion d'une escouade de SS apporta de mystérieuses caisses le plus près possible du lac. Comme aucun véhicule ne pouvait s'approcher plus des berges en raison de l'état du chemin, les SS frappèrent à la porte d'une jeune femme de 21 ans, nommée Ida Weisenbacher, qui vit d'ailleurs toujours dans une maisonnette près du lac.

« Il était cinq heures du matin et nous étions encore au lit lorsque nous entendîmes frapper à la porte » se souvient Ida Weisenbacher. « Levez-vous immédiatement ! Prenez le chariot et un cheval, nous avons besoin de vous ! »

Elle se dépêcha et les guida ainsi que le chariot attelé à des chevaux vers les bords du lac. « Un commandant était présent. Il nous ordonna d'emporter ces caisses aussi rapidement que possible au lac Toplitz, » précisa Ida. Les caisses portaient des inscriptions aux lettres peintes en gras ainsi que des nombres. Après avoir transféré trois chariots pleins aux abords du lac, elle témoigna plus tard : « Lorsque j'apportai la dernière charge, j'ai vu comment ils se dirigèrent vers le lac et y jetèrent les caisses dans l'eau. Les SS ne cessaient de m'éloigner, mais j'ai bien vu les caisses couler dans le lac ».

Après la guerre, nombreux furent ceux qui tentèrent de plonger dans le lac afin d'y trouver des « trésors nazis », mais les chances étaient faibles et le danger très élevé. Le lit du lac était en effet tapissé de troncs d'arbre, s'érigeant parfois comme une forêt sous-marine composée des arbres naturellement tombés des versants pentus de la montagne environnante. En 1947, un plongeur de l'US Navy s'y coinça et mourut noyé. En 1959 toutefois, une équipe financée par le magazine allemand Stern, réussit à récupérer 72 millions de fausses livres sterling, cachées dans ces caisses avec la presse qui avait servi aux faussaires à les imprimer. Cette fausse monnaie fut produite durant une opération secrète de contrefaçon, dont le nom de code était « Opération Bernhard », autorisée personnellement par Adolf Hitler afin d'affaiblir en les désorganisant, les économies alliées.

En 1963, un autre plongeur se noya et les explorations furent interdites jusqu'en 1983, lorsqu'un biologiste allemand découvrit accidentellement de nouvelles livres sterling falsifiées en sus de nombreuses torpilles qui s'étaient abîmées au fond du lac. Au début du nouveau millénaire, d'autres expéditions, coûtant pour certaines jusqu'à 600.000 $ furent lancées dans les profondeurs du lac ; elles permirent de rapporter encore plus de monnaie falsifiée. Une société française spécialisée parvint à sécher, sans les détruire, une partie de ces billets de banque afin qu'ils puissent être exposés au public.

Certains affirment, parfois à raison, qu'il y a encore beaucoup de choses à découvrir au fond du lac, dès lors qu'il est plus que probable qu'un « trésor » pesant lourd aurait pu couler assez profondément et se trouver désormais caché sous la forêt de troncs qui recouvre le fond du lac.

Les Loups garous

Le mot Werwolf (Loup garou en allemand) était à l'origine un roman écrit par Hermann Löns: *Der Wehrwolf* (1910). L'orthographe du nom de ce roman est un jeu de mots en langue allemande qui signifie littéralement « Le loup qui se défend ». Ce livre fut très lu et tenu pour un exemple après la Première Guerre Mondiale par les combattants des Corps Francs. Certains voient même des origines plus anciennes encore au Werwolf en le faisant remonter au Moyen-Age aux tenues des cours de la Sainte-Vehme, laquelle était une société secrète composée de citoyens qui se vengeaient, en les jugeant en dehors de toute juridiction officielle, de criminels qui avaient porté atteinte à la communauté.

Le criminel était souvent condamné à mort et pendu à un arbre en guise d'avertissement.

L'insigne du Werwolf sur un fanion

En mars 1945, lorsque la victoire finale fut désormais considérée comme impossible, le Ministre de la Propagande, le Dr Joseph Goebbels, encouragea vivement l'idée d'une guérilla clandestine qui assaillirait sans répit les Alliés, et ce même après leur victoire sur l'Allemagne nazie.

Dans les faits, les forces du Werwolf avaient été envisagées comme une unité portant l'uniforme et non comme un concept intellectuel de résistance. Bien que l'on ait dénombré des actes de « terrorisme » contre les ennemis du nazisme jusqu'en 1948, voire plus en Pologne, beaucoup doutent qu'ils aient été liés à une organisation secrète dénommée Werwolf.

La seule conséquence concrète de l'utilisation du concept de Werwolf à des fins de propagande, fut la surestimation de ce phénomène par les Alliés, qui entraîna une répression généralement plus dure envers les Allemands pour tout acte de rébellion, même isolé et sans réel danger.

La formation d'une unité Werwolf fut créée à l'initiative d'Heinrich Himmler à l'été 1944 et confiée au Général SS Hans-Adolf Prützmann. Leurs recrues, formées de 5.000 SS et de membres des Jeunesses Hitlériennes, furent entraînées aux techniques de la guérilla, semblables à celles que les Allemands avaient vues utilisées par les partisans soviétiques dans les territoires occupés à l'Est.

Le 23 mars 1945, le Dr Joseph Goebbels incita vivement tout citoyen allemand de l'Allemagne occupée à agir comme un Werwolf. Quoique les troupes formées par Prützmann aient été complètement décimées en 1945, les Alliés continuèrent à adopter des mesures répressives relativement dures contre toute tentative de rébellion. Les Soviétiques, tout particulièrement, tuèrent des milliers de jeunes garçons suspectés d'être des membres du Werwolf, sans preuve ni jugement.

On peut toutefois considérer que l'Opération Werwolf vue sous l'angle d'une action de pure propagande de la part du Dr Joseph Goebbels, fut un succès car elle mobilisa de nombreuses ressources alliées pour un danger quasi-inexistant.

Le Reich souterrain

En seulement quelques années, l'Allemagne nazie occupa de nombreux pays européens et y introduisit des modifications notables dans leurs paysages traditionnels. Certains de ces changements sont toujours visibles aujourd'hui en surface ne serait-ce, par exemple, que par la présence d'innombrables bunkers sur les côtes mais également à l'intérieur des terres. D'autres structures s'étalent en revanche sous terre sur des distances incalculables. Quel était le but de ces constructions et ne cachent-elles pas, pour certaines d'entre elles et notamment sous terre, des plans de nature très étrange ?

Beaucoup connaissent de leurs voyages ou des films qu'ils ont vus sur la Deuxième Guerre Mondiale, l'impressionnante chaîne de bunkers qui formait le Mur de l'Atlantique en France, destinée à prévenir toute tentative d'invasion des Forces Alliées par mer. D'autres se souviennent peut-être d'avoir vu les images du Quartier Général d'Adolf Hitler en Prusse Orientale (Le *Wolfsschanze*, c.-à-d. le Repaire du Loup) ou celui qu'il avait fait construire en Ukraine à Vinnitsa (Le *Werwolf* c.-à-d. le Loup Garou). Mais qui a jamais entendu parler de véritables « villes » souterraines dans la Vallée de Jonas en Allemagne, ou de réseaux de tunnels d'usines enterrées près du camp de concentration de Dora ?

Pas moins de quatorze bunkers servant de Quartiers Généraux furent construits pour Hitler, mais il n'en utilisa que dix d'entre eux. Certains sont très connus, alors que d'autres sont à peine mentionnés dans les livres d'histoire. Ainsi la plupart des Français ignore qu'il existe un vaste complexe de bunkers à seulement 60 km de Paris dans la ville de Margival, près de Soissons. À l'exception des gens qui vivent tout près, personne n'a jamais visité les bunkers d'Hitler de Stępina ou de Strzyżów en Pologne dans la région de Galicie, aussi appelés dans leur ensemble *Anlage Süd* (Installations Sud). Hitler y rencontra pourtant Mussolini le 27 août 1941 en s'y rendant dans un train blindé, protégé lui-même par un long bunker pouvant abriter entièrement l'ensemble des wagons.

Sur la base des informations que l'auteur du présent livre a pu personnellement collecter auprès des anciens, il avait été ordonné que les villageois polonais restent chez eux, volets fermés, afin de ne pas être en mesure d'apercevoir le Duce et le Führer durant leur séjour, très court par ailleurs, à Stępina.

Les mêmes personnes me dirent également qu'après la guerre, les services secrets polonais avaient découvert que sous le bunker du train, se trouvait une structure de plusieurs étages (quatre ou cinq ?). Les Allemands l'avaient inondée à dessein avant de partir en détournant le cours d'une rivière voisine. Des plongeurs s'y risquèrent sans toutefois jamais avoir une vue d'ensemble de l'installation, ni identifier la brèche qui alimente toujours ces volumes souterrains. On dit que de riches Nord-Américains d'origine polonaise se proposeraient de mettre les moyens nécessaires afin de colmater l'arrivée d'eau et de vider les salles actuellement immergées. Personne ne sait toutefois ce qu'ils pourraient y trouver, notamment en raison de l'absence d'archives sur ce bunker.

Le bunker de Stępina où fut accueilli le train de Mussolini

Plus mystérieux encore étaient les réseaux de tunnels et de bunkers, si étendus qu'ils s'apparentaient presque à des villes souterraines.

L'utilisation qui en a été faite par les Allemands n'a pas toujours pu être éclaircie jusqu'à nos jours.

La moins mystérieuse et pourtant la plus terrible de ces installations fut certainement le camp de concentration de Dora, et notamment son usine de Mittelwerk, près de la ville de Nordhausen, en Allemagne.

La plupart de leurs activités étaient situées dans leurs installations souterraines dans la montagne de Kohnstein, où ils enterrèrent l'usine entière qui produisait les tristement fameuses fusées V2. Cette mesure fut décidée après les raids aériens alliés sur les installations d'U-Boots de l'île de Peenemünde les 17 et 18 août 1943.

L'usine de Mittelwerk

Der Riese (en allemand : le Géant) est un autre complexe très étendu de tunnels et de bunkers souterrains dans les *Góry Sowie* (en polonais : Montagnes des Hiboux) et sous le château de Książ en Basse Silésie, qui était territoire allemand à l'époque, mais qui fait maintenant partie de la Pologne. L'ensemble fut construit en 1943 afin de servir de quartier général pour Hitler. Ses bunkers souterrains étaient situés dans huit endroits différents, ce qui exigea le travail forcé de milliers de prisonniers. Selon Albert Speer, Ministre de l'Armement et de la Production de Guerre : « Ces projets requirent 250.770 m3 de béton renforcé, en sus de la maçonnerie nécessaire, incluaient 211.780 m3 de passages souterrains, 58 km de routes et leurs six ponts, ainsi que 100 km de gaines et tuyaux. Le complexe du « Géant » consomma à lui seul plus de béton que ce qui avait été alloué à toute la population allemande pour construire des abris anti-aériens en 1944 ». Le coût total s'éleva à presque cinq fois celui qui avait été nécessaire au bunker du repaire du loup (Wolfsschanze).

Des kilomètres de tunnels dans le complexe du « Géant »

Les travaux ne furent jamais achevés avant la fin de la guerre, et dès lors que les services secrets polonais ont confisqué toutes les informations confidentielles pertinentes, personne ne connaît jusqu'à ce jour l'utilisation finale du complexe souterrain dans son ensemble. On suppose qu'il devait en partie servir de QG pour Hitler et d'abri pour les usines enterrées, mais ces conjectures n'ont jamais pu être confirmées avec certitude. Le général SS Hans Kammler était alors le responsable de toutes les installations souterraines du Reich et des territoires occupés mais il disparut sans laisser de traces en 1945 près de Prague en Tchécoslovaquie. Sa mort est entourée de nombreuses controverses, mais sa fin la plus probable est d'avoir été tué par des troupes russes qui rôdaient dans les bois dans cette région. D'autres affirment, sans preuve tangible, qu'il négocia avec l'armée américaine l'échange de ses connaissances en matière d'armes secrètes contre son immunité judiciaire afin de refaire sa vie aux Etats-Unis. Cette théorie n'est pas à écarter absolument si toutefois il put effectivement rejoindre les lignes américaines avant de tomber aux mains des Soviétiques tout proches de Prague ; en effet, Kammler était l'homme qui était même au courant des plans concernant la fusée A9, connue comme la « Fusée Amerika », qui devait être construite dans les tunnels hauts de 30 m du « Géant », afin d'être en mesure d'atteindre la ville de New York.

Il a été calculé que plus de la moitié des galeries et salles souterraines reste encore à découvrir, car les SS firent exploser nombre de leurs accès. Ainsi, le journal anglophone « Warsaw Voice », publié en Pologne, rapporte les estimations des ingénieurs polonais d'Après-Guerre : « Il y a 35 grosses canalisations de pierre destinées à transporter du liquide. Vers où ? Nous ne le savons pas. Nous avons mesuré leur profondeur et utilisé des fumigènes afin de savoir, d'une part, si ces canalisations étaient connectées entre elles à l'intérieur du complexe et, d'autre part, où elles finissaient. Nous avons jeté deux torches fumigènes dans chaque ouverture et avons pu constater que la fumée était aspirée vers l'intérieur. Dans un cas, nous avons pu entendre ce qui semblait être une valve d'aération en train de fonctionner… La fumée de 26 torches y fut aspirée sans toutefois ressortir nulle part. Combien devait être importante la capacité de ces canalisations et même celle des tunnels s'ils pouvaient absorber une telle quantité de fumée ! »

Le château de Książ en Pologne

Il semble qu'il y ait eu encore plus de tunnels comme le laissent penser le fait que certains ont été murés. Les chercheurs pensent également : « qu'en certains endroits, les canalisations sortent de nulle part à la surface de la montagne, et que dans d'autres, des voies ferrées étroites émergent de tas de pierres ; de telles voies étaient utilisées pour évacuer les produits de l'excavation.

Il y a aussi des salles vides n'offrant aucune connexion directe aux tunnels actuellement accessibles, ni à aucune structure en surface. Certains éléments suggèrent que les tunnels dans les *Góry Sowie* pourraient avoir eu une structure sur plusieurs niveaux, ce qui a très rarement été observé dans d'autres installations allemandes de la même période. Cela pourrait corroborer les dires d'explorateurs amateurs qui supposent la présence de « quelque chose » dans les corridors qui sont inaccessibles de nos jours. La question de savoir ce que serait ce « quelque chose » est toujours en attente de réponse. L'évident intérêt qu'ont manifesté après la guerre les services spéciaux de l'URSS, de l'Allemagne de l'Est ou de la Pologne, n'a rien pu pour dissiper ces doutes. »

La Vallée de Jonas – Il est maintenant temps de s'attarder à la plus mystérieuses de ces installations souterraines : les 25 tunnels creusés dans les flancs de la Vallée de Jonas (Jonas Tal) en Allemagne. Des dizaines de milliers de prisonniers y travaillèrent afin d'achever cette entreprise gigantesque, nombre d'entre eux étant affamés ou y laissant leur vie. Le secret entourant cette opération était si strict que même maintenant personne ne peut dire quel en était le véritable but. Les entrées des tunnels ont été dynamitées à une époque récente afin d'en interdire l'accès au public pour des raisons de sécurité. Certains affirment qu'il s'agissait là d'un nouveau quartier général gigantesque pour Hitler, d'autres que c'était un site de test pour des bombes nucléaires, voire une usine souterraine afin de produire la fusée « Amerika », censée atteindre le sol américain (*Hitlers Bombe*, Rainer Karlsch, 2005).

Jonas Tal: les accès de 25 tunnels sont visibles dans la montagne

Enfin, et ce n'est pas le moindre, des esprits aventureux pensent que le trésor de la Chambre d'ambre, appelée parfois la Huitième Merveille du monde, y serait enfoui. C'était une chambre du palais de Catherine à Tsarskoye Selo en Russie, véritable prouesse artistique. L'hypothèse la plus vraisemblable est que cette chambre fut transportée à Königsberg par les Allemands après l'avoir volée, et qu'elle fut ensuite détruite par les troupes soviétiques lors de la prise de la ville. Königsberg est de nos jours une enclave territoriale russe qui porte le nom de Kaliningrad.

Vraies ou fausses, il y existe toujours d'étranges histoires qui sont contées sur le Reich souterrain ; l'auteur de ce livre eut l'occasion d'entendre une telle histoire de la part d'un bon ami très fiable. Le grand-père de cet ami était un des tout premiers soldats français combattant sur le sol allemand. Il avait entendu que des Américains avaient trouvé un tunnel très profond, probablement dans les montagnes du Harz, où se trouve la Vallée de Jonas. Il conta qu'ils reçurent l'ordre d'y entrer afin d'en déterminer l'usage. Plus ils s'enfonçaient dans les entrailles de ce tunnel et plus il paraissait profond. Ils auraient même découvert deux soldats de la Waffen SS morts, probablement de faim, tenant toujours leur mitrailleuse MG42, dans un effort désespéré de prévenir toute intrusion alliée.

L'histoire devient encore plus étrange, lorsqu'ils reçurent l'ordre de faire sauter le tunnel à environ 14 km de son entrée et de ne pas tenter d'aller plus loin. Est-ce que les généraux américains en savaient plus ou bien avaient-ils simplement peur de ce qu'ils pourraient trouver ?

Les Armes secrètes

Les armes secrètes (*Wunderwaffen* en allemand) étaient des armes de pointe, mais aussi un nouveau moyen de propagande aux mains du Docteur Joseph Goebbels. Elles étaient tellement en avance sur leur temps qu'elles donnèrent naissance parallèlement à un véritable mythe. Certaines s'avérèrent très utiles, comme les fusées V2, alors que d'autres auraient pu être très efficaces si elles avaient été produites en masse, comme par exemple l'avion à réaction Me 262 ; enfin, il y eut les armes secrètes qui ne passèrent jamais le stade de projets à l'état de prototypes ou de simples plans.

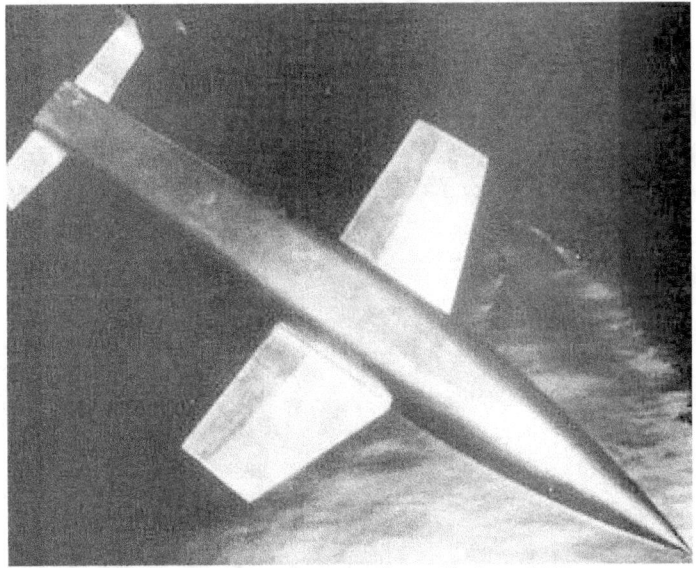

Silbervogel: maquette pour la soufflerie en 1935.

De nombreux projets innovants furent annulés avant même de commencer, ou ne furent jamais achevés avant la fin de la guerre. Il s'agit de différents types de porte-avions, de sous-marins (U-Boots) munis de moteurs entièrement électriques recourant à une propulsion n'ayant pas besoin d'air, des missiles balistiques, des tanks ultralourds comme le Ratte (Le Rat) qui devait peser 1.000 tonnes ; les ingénieurs allemands conçurent également les plans d'avion propulsés par des fusées, des fusées A5 réutilisables, des lanceurs de type A11 et A12, un bombardier « Amerika » en orbite basse, appelé Silbervogel, qui pouvait être lancé des Açores, des missiles sol-air avec équipage humain, un canon solaire au miroir concave qui pouvait concentrer la lumière du soleil sur une cible particulière sur Terre, voire détruire une ville entière ; un canon V-3 statique et gigantesque destiné à bombarder Londres depuis son emplacement dans le nord de la France et, enfin, le terrible projet nucléaire allemand qui échoua faute de scientifiques qualifiés dans ce domaine mais aussi et surtout en raison de l'absence d'une direction unifiée des recherches.

On trouvera ci-après la liste des Wunderwaffen qui furent employées sur le champ de bataille, quoique en faible quantité pour certaines d'entre elles :

L'***U-Boot Type XXI***, aussi connu sous le nom « Elektroboot », fut le premier sous-marin conçu pour opérer principalement submergé, plutôt que comme un navire de surface qui pouvait plonger, lui conférant ainsi un moyen d'échapper à toute détection et de lancer des attaques surprises.

U-Boots Type XXI à Bergen en Norvège.

Le **Panzer VIII Maus** fut achevé fin 1944 et fut le tank le plus lourd jamais construit.

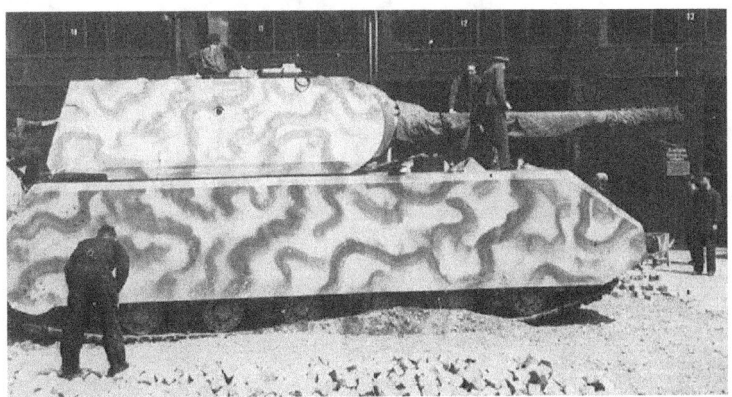

Panzer VIII Maus avec son équipage.

Le **Junkers Ju 390** était l'un des avions candidats, avec le Messerschmitt Me 264 et le Focke-Wulf Ta 400, qui fut envisagé comme vecteur du projet de bombardier Amerika.

Junkers Ju 390 et ses six moteurs.

Le ***Messerschmitt Me 323 Gigant*** était de fait l'avion de transport le plus gigantesque de toute la guerre.

Messerschmitt Me 323 Gigant

La ***Fusée V-1*** (Vergeltungswaffe 1 en allemand, ce qui signifie Arme de Représailles 1) était le prédécesseur, propulsé par un moteur à réaction, de nos missiles de croisière modernes.

Fusée V-1 sur une rampe de lancement
au Imperial War Museum de Duxford

La ***Fusée V-2*** (aussi appelé Aggregat-4 ou A4), était un missile balistique spécifiquement conçu pour cibler Londres et Anvers.

Fusée V2 au Musée de Peenemünde

Le ***Horten Ho 229*** était un prototype d'une combinaison chasseur/bombardier, conçu par Reimar et Walter Horten. C'était aussi la première aile volante à réaction du monde.

Horten Ho 229

Le *Flettner Fl 282 Kolibri* ("Colibri") était un aéronef à une place muni d'un cockpit ouvert et de pales à rotor ; c'est le premier hélicoptère au monde à être produit en série.

Hélicoptère allemand Fl 282 Kolibri

Le *Fieseler Fi 103R* était une version de la bombe volante V-1 emportant un équipage à bord mais où le pilote avait de fortes chances de périr lors de sa mission.

Fieseler Fi 103R, nom de code Reichenberg

Le *Me 163 Komet* était un chasseur propulsé par un moteur-fusée qui fut le seul de son genre à être jamais déployé.

Messerschmitt Me 163

Le *Me 262 Schwalbe* ("Hirondelle") fut le premier chasseur à réaction opérationnel au monde, largement plus rapide que n'importe quel équivalent allié.

Me 262A au National Museum de l'US Air Force à Dayton

Le **Dora** était le nom d'un canon ultralourd sur rails, qui pesait 1.350 tonnes et tirait des obus de 7 tonnes sur une distance de 47 kilomètres.

Le canon sur rails Dora

Le **StG 44** (Sturmgewehr 44) est considéré par de nombreux historiens des armes comme le premier fusil d'assaut.

StG 44

Le ***Zielgerät 1229*** (ZG 1229), aussi connu sous le nom de Vampir, était un appareil à infra-rouge développé pour le fusil d'assaut Sturmgewehr 44 afin d'offrir à son utilisateur l'avantage de la vision nocturne.

Vampir à infra-rouge pour vision nocturne

Le ***Gaz Sarin*** fut découvert en 1938 par deux scientifiques allemands qui tentaient de créer un pesticide puissant. A la mi-1939, la formule de cet agent toxique fut passée au Département de la guerre chimique du Bureau de l'Armement de l'Armée allemande, laquelle ordonna sa production de masse en vue de la guerre prochaine.

Un certain nombre d'usines pilotes furent ainsi construites, dont certaines offrant une capacité de production de masse étaient toujours en chantier lorsque la guerre s'acheva.

Bien que le gaz sarin pût être incorporé dans des obus d'artillerie, les Allemands décidèrent, pour une raison inconnue, de ne pas utiliser de gaz neurotoxiques contre des cibles alliées trop proches de l'Allemagne. Ce gaz fut néanmoins utilisé avec des effets dévastateurs dans le métro de Tokyo lors d'une attaque perpétrée en 1995 par la secte Aum.

L'OCCULTISME NAZI

L'occultisme nazi est un domaine où il est difficile de séparer les faits historiques des fantaisies de l'Après-Guerre. Ces dernières sont nombreuses, particulièrement à partir des années 60. Deux livres contribuèrent à cette poussée occultiste : *Le matin des magiciens* de Pauwels et Bergier (1960) et *La lance du destin* de Trevor Ravenscroft (1972). Après eux, tout livre qui abordait l'occultisme nazi était assuré de fortes ventes, bien au-dessus des 50.000 copies, même pour le pire d'entre eux.

La seule thèse universitaire à avoir étudié sérieusement ce domaine est le livre *Les racines occultes du nazisme* de Nicholas Goodrick-Clarke (1985). Elle établit un lien entre les théories aryosophistes de la fin du XIXe siècle et la Société de Thulé jusqu'aux tout débuts du parti nazi. Toutefois, le seul aspect confirmé de l'occultisme nazi est l'intérêt que lui porta Heinrich Himmler et les recherches, voire les quêtes, qui en résultèrent.

Il n'en reste pas moins vrai que les douze années de l'ère nazie constituent une brèche dans la trame de l'histoire. Les standards et les valeurs nazis peuvent être appréhendés comme l'incarnation archétypique d'un empire du Mal, comparés à notre civilisation, mais ce sont avant tout des valeurs de l'Ailleurs Absolu telles que les définirent Pauwels et Bergier à juste titre dans leur best-seller.

A ce stade, il n'en apparaît que plus nécessaire de déterminer les faits réellement historiques concernant les recherches, les expéditions et les croyances nazies avant d'estimer à leur juste valeur les fantaisies de l'Après-Guerre ainsi que les mythes nazis bon marché que l'on trouve trop fréquemment sur Internet. Il convient toutefois de souligner que ces mythes ont toujours la cote, comme si les lecteurs les préféraient à la vérité, dans la mesure où cela les excite autant que ne le ferait une bonne série télévisée.

La théorie de la Terre creuse

Bien que cette théorie ne soit qu'un concept qui a été infirmé par la communauté scientifique dès le XVIIIe siècle, elle a toujours ses partisans de nos jours.

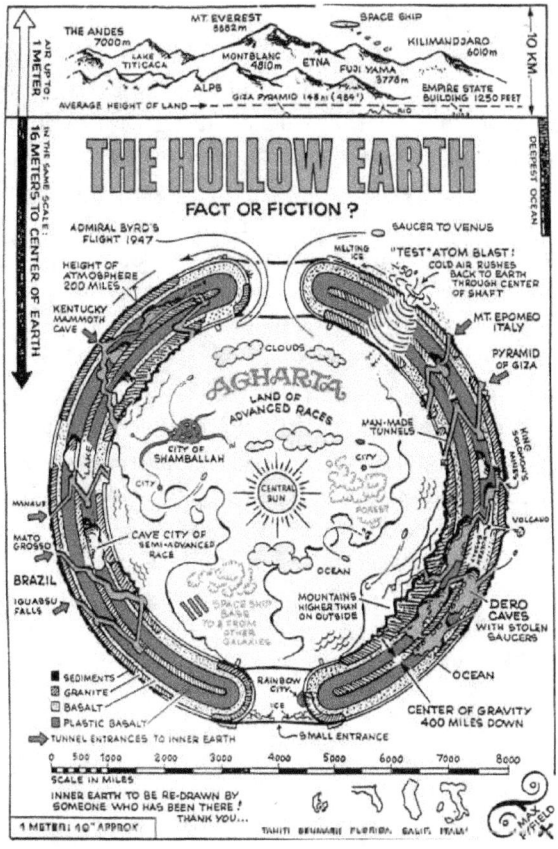

Durant l'ère nazie, la théorie de la Terre creuse avaient des partisans en Allemagne, mais toutefois pas plus que dans d'autres pays occidentaux de l'époque. En 1838, Edgar Allan Poe écrivit un roman, *Les aventures d'Arthur Gordon Pym de Nantucket*, qui raconte l'incroyable voyage, dans les entrailles de la Terre, d'un navire qui y pénétra par un trou au Pôle Sud. Edward Bulwer-Lytton écrivit son fameux roman de science-fiction *La race à venir* (1871) qui met en scène des créatures supérieures, appelées Vril-ya, vivant dans le monde souterrain. En 1864, Jules Verne publia son *Voyage au centre de la Terre* dans lequel la préhistoire existait encore dans ces lieux jamais explorés. Enfin, en 1922, Ferdinand Ossendowski fit mention, dans son livre *Bêtes, hommes et Dieux*, de l'existence d'un royaume souterrain, dont la capitale était Agartha, …la résidence du Roi du Monde.

Selon le livre écrit par Pauwels & Bergier, *Le matin des magiciens* (1960), des scientifiques allemands testèrent l'hypothèse d'un univers creux (un espace se trouvant au sein d'une roche infinie), sur l'île de Rugen dans la Mer Baltique. Ils essayèrent même des rayons infra-rouges afin de détecter des navires de la marine britannique, dès lors que la courbure inversée de la Terre aurait permis de suivre leurs mouvements. Inutile de préciser que l'expérience échoua lamentablement.

Le seul lien prouvé entre la théorie de la Terre creuse avec les nazis, est leur affection toute particulière pour les tunnels, les bases et les bunkers souterrains, qui s'étendaient parfois sur des centaines de kilomètres, comme ceux près du camp de concentration de Dora dans les Montagnes de Harz en Allemagne, ou bien ceux se trouvant dans l'impressionnant complexe appelé Der Riese (Littéralement en allemand: le Géant) dans le Sud-Ouest de la Pologne actuelle.

La doctrine de la glace éternelle

La doctrine de la glace éternelle (WEL ou *Welteislehre* en allemand) est une théorie cosmologique provenant directement de l'esprit de Hanns Hörbiger, un ingénieur autrichien qui travailla dans un domaine pourtant bien éloigné de l'astronomie.

Hörbiger obtint ses connaissances à ce sujet de « visions » qu'il aurait eu vers 1894 tout en dormant. Sa doctrine pose que la glace est le matériau de base de tous les événements dans l'univers. Elle aurait déterminé la forme de notre planète par l'influence de toutes les « lunes de glace » qui y seraient tombées à différentes époques géologiques, causant des déluges qui éradiquèrent d'anciennes civilisations comme l'Atlantide.

Hanns Hörbiger (1860-1931)

Himmler et Hitler furent tout d'abord des enthousiastes de la doctrine de la WEL en raison de ses soi-disant possibilités à prédire la météo. Le Führer alla jusqu'à l'adopter comme la cosmologie officielle du parti national-socialiste. Plus tard, toutefois, le Ministère de la Propagande intima l'ordre à Hörbiger de cesser toute publication à ce sujet. La WEL ne survécu pas à la Seconde Guerre Mondiale, sauf au sein de groupes néo-nazis minoritaires.

Neuschwabenland

La Nouvelle Souabe (*Neuschwabenland* en allemand) est la région de l'Antarctique revendiquée par la Norvège comme *Terre de la Reine Maud*. La Nouvelle Souabe fut ainsi nommée d'après le navire Schwabenland de l'expédition antarctique allemande de 1938-1939. Ce navire pouvait embarquer et catapulter deux hydravions.

Le navire Schwabenland

Il y eut deux expéditions allemandes avant celle de 1938-1939, dont le but était de traverser le continent antarctique : l'expédition de Gauss de 1901 à 1903 et celle de Filchner de 1911 à 1912.

L'Allemagne décida en 1937 de créer une flotte de baleiniers pour des raisons purement économiques. Après que celle-ci retourna avec succès à bon port, en Allemagne nazie, qui avait grand besoin de la graisse de baleine pour son industrie, la fameuse expédition de 1938-1939 fut lancée. Parmi les buts cachés de celle-ci, figurait la recherche d'une localisation idéale pour une base navale militaire allemande.

En raison du manque initial d'information et du secret entourant l'opération, des théories conspirationnistes ont émergé au sujet de bases nazies de survie situées sous la glace de la Nouvelle Souabe, et de leur destruction ultérieure par les troupes britanniques et américaines (la fameuse Opération Highjump commandée par l'Amiral Byrd). Un indice énigmatique a pour origine deux déclarations faites par l'Amiral Dönitz, la première fois juste au retour de l'expédition en 1939 et la seconde en 1944 ; il aurait en effet déclaré : "Mes sous-mariniers ont découvert un véritable paradis terrestre", puis : "La flotte sous-marine allemande est fière d'avoir créé une forteresse imprenable pour le Führer aux antipodes...". Lors du Procès de Nuremberg, Dönitz aurait mentionné "une fortification invisible au milieu de la glace éternelle."

Insigne officiel de l'expédition de 1938-1939

Une fois encore, nous avons affaire à des fantaisies d'après-guerre telles qu'elles ont été démontrées fausses par Colin Summerhayes, dans son article à la fois sérieux et très documenté, *La base antarctique d'Hitler : le mythe et la réalité (Hitler's Antarctic base: the myth and the reality)*, publié dans le Polar Record Magazine N° 43 de la Cambridge University Press (2007). Il conclut « qu'en utilisant nos connaissances de l'Antarctique et les informations concernant ces activités rapportées depuis le début des années 40, il est maintenant démontré que les deux U-Boots U-530 et U-977 n'auraient pas pu atteindre l'Antarctique ; qu'il n'y eut pas de base secrète allemande en temps de guerre dans la Terre de la Reine Maud ; que les troupes du SAS n'attaquèrent pas de prétendue base allemande ; que les hommes du SAS dans la région avaient des emplois civils à l'époque ; que l'Opération Highjump était destinée à l'entraînement de l'US Navy dans la perspective d'une guerre possible avec l'Union Soviétique dans l'Arctique, raison de plus pour ne pas attaquer de soi-disant bases allemandes en Antarctique ; que l'Opération Argus eut lieu en mer à plus de 2.000 km au nord de la Terre de la Reine Maud. Toutes les activités qui étaient à l'époque classifiées ont été ensuite déclassifiées et il n'est désormais plus difficile de séparer les faits de la fiction, bien que beaucoup trouvent amusant de le faire. »

Il convient également de signaler le fameux mythe entourant l'U-530 et l'U-977, deux sous-marins allemands qui se rendirent à Mar del Plata (Argentine), plusieurs semaines après la fin de la guerre. S'il faut en croire les livres fantaisistes, ces U-Boots ne transportèrent personne de moins qu'Hitler et Eva Braun vers leur repaire souterrain en Antarctique, avec beaucoup de matériel afin de préparer la venue du IVe Reich ou la construction d'OVNI basés sur la force du Vril. Une fois de plus, référons-nous à l'approche scientifique de Colin Summerhayes qui précise clairement :

« Des considérations sur les dates, les heures et les vitesses suggèrent que ni l'U-530 ni l'U-977 n'eurent le temps de visiter l'Antarctique. Mais les marins peuvent mentir et les documents de bord peuvent être falsifiés. Nous posons toutefois la question suivante : est-ce qu'une telle visite était physiquement possible dans les circonstances prévalant alors ?

Toutes les considérations précédentes ont omis de préciser que juin, juillet et août sont des mois de plein hiver dans l'hémisphère austral. Un sous-marin pouvait-il atteindre la côte de la Terre de la Reine Maud, faire surface et décharger sa cargaison sur la banquise en plein hiver ? Le premier obstacle serait l'océan antarctique lui-même. Le second obstacle serait l'épaisseur de la banquise d'un à deux mètres qui encercle l'Antarctique durant l'hiver. Des données de satellite collectées par la NASA (Gloersen & autres 1992), et par l'Inde (Vyas & autres 2004), montrent qu'au large de la Terre de la

Reine Maud la banquise s'étend sur approximativement 500 km à partir de la côte fin mai et juin, alors qu'elle parvient à 1.665 km en juillet, août et septembre [...]

Est-ce que des U-Boots peuvent faire surface à travers un à deux mètres de glace ?

En raison de leur bas franc-bord, les sous-marins de la Seconde Guerre Mondiale pouvaient être facilement endommagés par une telle épaisseur de glace. [...]

En supposant que l'U-977 ait atteint la côte, à quelles conditions l'équipage aurait-il dû faire face ?

Les ténèbres 24/24h et la couverture nuageuse augmenterait sensiblement le danger de naviguer dans la glace près d'une côte mal cartographiée. Même le simple fait d'apercevoir la côte aurait été difficile, car elle est bordée d'une falaise de glace haute de 10 à 30 m appartenant à la calotte glaciaire, plus ou moins invisible dans le noir, depuis le pont très en contre-bas d'un sous-marin, sans oublier que les eaux glaciales seraient parsemées d'icebergs. [...].

[Cela] signifie qu'il aurait été physiquement impossible pour U-530 ou U-977 d'avoir approché un tant soit peu la côte de l'Antarctique en juin, juillet ou août 1945.

[Même si cela avait été possible] quiconque ayant débarqué d'un sous-marin aurait fait face aux plus extraordinaires difficultés lors d'un trekking de 250 kilomètres à travers un paysage au sol glacé, parsemé de crevasses cachées, dans le noir, sans aide à la navigation, vers un repaire dans les montagnes où les températures auraient été inférieures à -50°C (Ohta 1999) et le climat pire encore. »

Ceux qui hésitent encore devraient lire cet article dans son intégralité, car il prouve en détail que tout ce qui a été écrit auparavant était de pures inventions, sinon de grossiers mensonges.

Une approche scientifique est toujours préférable à des assertions non documentées, basées sur des sources anonymes ou des conspirations gouvernementales.

L'Ahnenerbe

En 1935, Himmler rencontra des « experts raciaux » et fonda une organisation appelée « Deutsches Ahnenerbe, Studiengesellschaft für Geistesurgeschichte » («Héritage ancestral allemand, Société pour l'étude de l'histoire des idées originelles »).

Le plus connu et ultime chef de l'organisation fut Wolfram Sievers, condamné à mort au tribunal de Nuremberg. La mission de l'Ahnenerbe consistait à effectuer des recherches dans le domaine de l'histoire ethnologique, anthropologique et culturelle de la race nordique, la soi-disant « race aryenne ». Ils organisèrent des expéditions dans différentes parties du monde à la recherche du berceau de la « race aryenne » et de la preuve qu'elle dominait autrefois le monde. L'éclatement de la seconde guerre mondiale mit presque un terme complet à toutes ces expéditions lointaines.

Insigne officiel de l'Ahnenerbe

L'Ahnenerbe disposait de différents départements et, bien que la plupart fut dédiée à l'archéologie, elle disposait d'une section météorologique fondée sur la théorie de la glace éternelle de Hanns Hörbiger ; il y avait même une section de musicologie

Ces expéditions furent nombreuses :

Carélie, Finlande (1935) : l'expédition visait à enregistrer les chants de vieux mages et sorciers, censés détenir les restes des incantations païennes des anciens Aryens.

Bohuslän, Suède (1936) : une équipe se rendit sur le plus ancien site d'art rupestre du pays, où des pétroglyphes y étaient gravés. Wirth, le président d'alors de l'Ahnenerbe, tenta de prouver qu'il avait trouvé un alphabet préhistorique parmi ces idéogrammes, alors qu'il utilisait une méthode qui était tout sauf scientifique.

Italie (1937) et **Moyen Orient** (1938) : deux chercheurs, Franz Altheim et Erika Trautmann, se rendirent en Italie, puis en Roumanie, Turquie, Grèce, Liban, Syrie et Irak afin de prouver que les succès de l'empire romain étaient dus à son origine raciale aryenne.

Allemagne (1937-1938) : des chercheurs excavèrent d'anciennes forteresses, trouvèrent des grottes préhistoriques ainsi que des objets de l'époque de l'homme de Cro-Magnon. D'autres SS étudièrent les fameuses Externsteine qui détiendraient la preuve de l'existence de tribus préhistoriques germaniques avancées à la religion solaire complexe et hautement organisée.

France : les mêmes chercheurs allèrent visiter des grottes préhistoriques connues en France. De surcroît, des SS tentèrent durant la guerre de voler la tapisserie de Bayeux (œuvre d'art montrant l'invasion de l'Angleterre par les Normands) dès lors que ceci aurait prouvé la supériorité des tribus germaniques.

Le cas le plus mystérieux est celui d'Otto Rahn, un SS envoyé comme civil dans le sud-ouest de la France de l'avant-guerre afin de rechercher le Saint Graal, censé avoir été détenu par les cathares de Montségur. Rahn, avant tout un érudit passionné, écrit des livres intéressants sur ces légendes, se fait des amis localement même parmi les communistes. Le plus étrange est qu'il mourut, littéralement congelé à mort dans les montagnes, une fois de retour en Allemagne. Certains soupçonnent qu'il n'ait pu s'agir ni d'un accident ni d'un suicide, voire que cela soit lié à son homosexualité supposée.

Espagne : une récente exposition archéologique à Brême (Allemagne) « *Creuser pour Germania. Archéologie sous la croix gammée* » montre comment les nazis lancèrent une expédition durant la seconde guerre mondiale afin de trouver le Saint Graal. La vérité s'avère plus étrange que la fiction. L'exposition raconte comment le Reichsführer SS Heinrich Himmler aurait visité l'Espagne car il croyait que le Graal se trouvait dans l'abbaye de Montserrat près de Barcelone.

Il pensait qu'en trouvant le Graal « cela aiderait l'Allemagne à gagner la guerre et lui donnerait des pouvoirs surnaturels ». Beaucoup d'agents SS sous couverture scientifique cherchèrent en vain le Graal. Le budget SS pour de tels projets était important au sein de l'Ahnenerbe, dès lors que les nazis souhaitaient que leurs découvertes leur permissent de réécrire l'histoire et de prouver que les Allemands étaient la race des seigneurs.

Tibet (1938-1939) : beaucoup a été dit sur cette expédition. Elle aurait eu un but ésotérique et occulte consistant notamment à établir des contacts avec les moines Bon Pö ; ceux-ci pratiquaient la magie noire chamanique qui aurait pu permettre aux nazis de gagner la guerre. Le seul élément de vérité est qu'Himmler était très enthousiaste lorsqu'il s'agissait de mysticisme asiatique ; il souhaitait recruter de « vrais scientifiques à l'Ahnenerbe » comme Edmund Kiss, afin de tester la théorie de la glace éternelle de Hanns Hörbiger au Tibet.

La vérité, telle qu'exposée par Ernst Schäfer en 1994 dans un documentaire italien appelé *Il nazismo esoterico*, est beaucoup moins mystique que toutes les fantaisies qui noient Internet de leurs théories conspirationnistes. Schäfer y affirme clairement qu'il n'y avait rien d'occulte dans l'expédition et que toutes les autres affirmations contraires n'ont aucun sens. Les preuves devraient être apportées par les conteurs de fantaisies et non par leurs lecteurs. C'est la manière dont la science et la justice fonctionnent.

Ernst Schäfer mena une expédition normale comportant de nombreuses difficultés dues au passage à travers les Indes britanniques, juste avant la guerre qui s'approchait, alors que lui et son équipe ne s'occupaient que de géologie, d'ethnologie, de botanique et de zoologie. Ils rapportèrent en Allemagne de nombreuses photos, des rushes de film, des spécimens de plantes et d'animaux, des mesures et de précieux présents offerts par leurs hôtes tibétains, comme une édition complète du texte sacré Kangyur en 108 volumes ; il y aurait eu également d'autres textes anciens, dont un concernerait soi-disant la « race aryenne ». Il a également été dit que l'équipe Schäfer rapporta une statue appelée « l'homme de fer », composée de métal météoritique et probablement vieille de mille ans, remontant ainsi à la religion Bon pré bouddhiste.

Des SS de l'Ahnenerbe avec leurs hôtes tibétains
en train de partager un repas traditionnel.

Pologne (1939) : Wolfram Sievers convainquit Himmler de piller certains musées de leurs œuvres d'art, comme le fameux autel Veit Stoss à Cracovie ; dans de nombreux cas les hommes de Göring furent plus rapides. Il ne restait à l'Ahnenerbe que des artefacts historiques et des appareillages scientifiques de peu de valeur commerciale.

Crimée (1943) : Himmler envoya ses hommes de l'Ahnenerbe à la recherche de reliques gothiques qui étaient censées exister dans cette région, et qui auraient confirmé la présence passée de tribus aryennes. Tout ce qu'ils trouvèrent, furent quelques reliques qui remontaient aux anciennes colonies grecques établies dans la région ainsi que des artefacts de l'âge de pierre.

Ukraine (1943) : d'étranges et mystérieuses expériences botaniques furent conduites dans cette région, peut-être dans l'espoir de découvrir une variété résistante de blé qui aurait permis aux Reich de nourrir sa population en temps de guerre.

Expéditions annulées

Lorsque la guerre éclata, l'Ahnenerbe dut annuler ses expéditions déjà prévues car la flotte britannique dominait tous les océans. Les expéditions annulées comprenaient : Tiwanaku en Bolivie qui était prévue afin de prouver que ces constructions précolombiennes gigantesques ne pouvaient avoir été effectuées que par des migrants aryens anciens ; Behistun en Iran afin d'étudier des inscriptions relatives à l'origine « aryenne » des Iraniens, dont l'exécution avait été ordonnée par le roi Darius Ier et qui se trouvaient en haut d'une falaise escarpée ; les îles Canaries, où des légendes relataient que les anciens habitants avaient des cheveux blonds et où des momies avec ces caractéristiques avaient été retrouvées ; L'Islande, afin d'étudier les pratiques agricoles et architecturales anciennes, ainsi que le folklore.

"La porte du Soleil" à Tiwanaku

Expérimentations humaines

Les attributions de plus odieuses de l'Ahnenerbe concernaient les expériences sur des êtres humains, testant par exemple la résistance d'un pilote plongé dans deux eaux glacées, les effets de nouveaux médicaments et bien d'autres horreurs. Une collection de crânes de Juifs fut même commandée afin d'effectuer toutes sortes de mesures anthropométriques. Ces expériences firent condamner l'Ahnenerbe au tribunal de Nuremberg comme organisation criminelle, entraînant par là même la peine capitale pour Wolfram Sievers. On dit qu'un chant rituel tibétain aurait été effectué sur sa dépouille.

Il a été dit beaucoup de choses sur l'Ahnenerbe et les théories conspirationnistes les plus bizarres ont été propagées sur Internet ou au travers d'articles de presse ici ou là. Elles sont loin de toute vérité et incluent entre autres des histoires à dormir debout sur des vampires nazis, des Übersoldats, des mondes parallèles seulement accessibles aux OVNI nazis, etc. Bien qu'il s'agisse là de pure fiction, le travail le plus respectable dans ce domaine est le film *Indiana Jones* de Steven Spielberg, dépeignant un portrait réussi de l'avidité des agents secrets nazis à la recherche de l'Arche d'Alliance et du Saint Graal.

Le Wewelsburg

Le Wewelsburg est un château de la renaissance dans la Rhénanie-du-Nord-Westphalie en Allemagne, près de la ville de Paderborn. La forme d'ensemble est celle d'un triangle. Le château date du début du XVIIe siècle, bien que des forteresses plus anciennes aient été construites à la même place depuis le IXe siècle. Il est intéressant de noter que de nombreuses femmes furent détenues prisonnières dans le donjon sous l'accusation de sorcellerie et qu'elles furent en conséquence torturées puis brûlées au bûcher.

Château du Wewelsburg

En 1934, le Reichsführer Heinrich Himmler signa un bail emphytéotique de 100 ans pour un Reichsmark annuel, avec l'intention de rénover tout le château et d'en faire une école pour les cadres de la SS (*SS-Führerschule*). Des travaux commencèrent tout d'abord avec des volontaires du *Reichsarbeitsdienst* qui furent ensuite remplacés par des travailleurs forcés provenant d'un camp de concentration tout proche. Les chambres portaient des noms de la légende du Graal et des aventures du Roi Arthur. Les hôtes pouvaient également jouir de l'usage d'une grande salle à manger, d'un auditorium, d'une bibliothèque et même d'un laboratoire photographique.

Ils s'entraînaient dans des domaines tels que l'idéologie, l'histoire ancienne, l'archéologie, la mythologie et l'astronomie. Bien que la défaite fût proche, Himmler avait envisagé de construire un planétarium et de recruter un astronome afin de former les cadres de haut rang de la SS. L'enseignement s'orienta par la suite vers une sorte d'ésotérisme fait de cultes et pratiques ancestraux *(voir Ahnenerbe)*, de l'étude des runes, des théories raciales, ainsi que de l'adoration de la nature. Tout cet enseignement devait servir de mystérieux et nouveau culte païen, basé sur la légende du Saint Graal et les chevaliers de la Table Ronde. Des rites religieux furent inventés à cet effet, avec l'aide de Karl Maria Wiligut, au moins au début, dès lors que sa réputation et sa santé mentale furent par la suite remises en question par beaucoup, même au sein de la SS.

De tels rituels comprenaient des mariages SS, la plupart des anciennes fêtes païennes comme Yule, les solstices d'hiver et d'été. Himmler, qui admirait Ignace de Loyola et ses *Exercices spirituels*, aurait pratiqué la méditation avec ses généraux SS *(Obergruppenführer)* les plus gradés, bien qu'aucune preuve irréfutable n'ait pu être trouvée, à l'exception du témoignage du Général SS Walter Schellenberg au procès de Nuremberg. Il décrit des cérémonies consistant en « des entraînements spirituels et des exercices de méditation ».

La partie la plus ésotérique du château est celle de sa tour Nord, qui ne fut pas détruite même par l'explosion qui eut lieu à la fin de la guerre, et qui est donc censée concentrer de « puissantes énergies magiques ». C'était le véritable Centre Spirituel du monde aryen, devant s'étendre ensuite aux villes autour du château, puis au monde entier. Celles-ci devaient subir des modifications drastiques d'après les plans grandioses qui furent retrouvés après la guerre. La tour Nord comportait une pièce recouverte de pierres appelée l'*Obergruppenführersaal* (la pièce des généraux SS) et où une roue solaire était incrustée dans le sol. Cette dernière, faite de swastika s et de runes Sig entrelacées, devait plus tard être appelée le Soleil Noir *(voir le chapitre sur le Soleil Noir)*. Les murs étaient ornés des armoiries des généraux alors qu'au centre de la pièce se trouvait une table en chêne de style arthurien pour les 12 généraux SS les plus hauts gradés. Dans la crypte sous-jacente, ou « Pays des Morts », on pouvait trouver 12 urnes funéraires prévues pour recevoir les cendres de ces généraux de haut rang lorsqu'ils mourraient. L'*Obergruppenführersaal* ne fut utilisée qu'une seule fois en 1941, avant l'opération Barbarossa, correspondant à l'invasion de l'Union soviétique.

Himmler avait demandé en 1938 à disposer d'un coffre dont seuls le commandant du château et lui-même auraient connaissance. D'une manière tout aussi mystérieuse, tous les anneaux à tête de mort (*Totenkopfring*) des soldats SS ayant succombé au combat devaient être rapportés dans un sanctuaire au château.

En raison de l'avance alliée, notamment de l'US Army, un commando SS fut dépêché le 31 mars 1945 afin de détruire le château et de cacher tous les anneaux à la tête de mort dans un endroit secret au sein même des montagnes voisines. Ceux-ci ne devraient jamais être retrouvés en dépit du zèle de générations de chasseurs de trésors.

Le Projet Hexen

En 1935 le Reichsführer Heinrich Himmler décida de former une équipe secrète de chercheurs, destinée à rassembler des informations sur les persécutions subies par les sorcières et les jugements qui leur avaient été infligés à travers les âges. Ses SS rassemblèrent des informations non seulement en Allemagne mais également en provenance d'autres pays. Ils travaillèrent la plupart du temps sous couverture dans les bibliothèques et les archives allemandes, prétendant effectuer des recherches sur leur propre généalogie. Les 38.846 fiches furent stockées dans une *Hexenkartothek* (une « bibliothèque sur les sorcières »). Chaque fiche, formatée toujours de la même manière, comportait des données sur les raisons de l'emprisonnement d'une sorcière, le détail de son jugement, et les types de torture auxquels elle avait été soumise.

Le but de ces fiches était de prouver l'implication néfaste de l'église catholique et, au-delà, d'une conspiration juive destinée à détruire les anciennes croyances germaniques. La foi chrétienne aurait combattu les vieux rituels païens dans leurs lieux les plus sacrés, comme les fameuses Externsteine, près du château de Wewelsburg, où d'anciennes cérémonies étaient pratiquées depuis les temps les plus anciens. Les prêtres et les prêtresses païennes ont ainsi été brûlés au bûcher comme sorciers et sorcières. Les caves du bien-aimé Wewelsburg d'Himmler furent utilisées jusqu'au XVIIe siècle afin d'emprisonner les personnes suspectes d'être des « sorcières et des loups garous ».

L'Allemagne fut en effet un des pays européens qui tua le plus grand nombre de soi-disant sorcières et ce par dizaines de milliers. Il est intéressant de mentionner qu'Himmler fut informé par ses généalogistes de la SS qu'il avait parmi ses ancêtres une sorcière qui avait été brûlée au bûcher. Plus tôt déjà, les frères Grimm contribueront à faire vivre la légende de la persécution des sorcières dans leurs contes nationalistes.

Les recherches dans le domaine de la persécution des sorcières furent menées jusqu'en 1944, en dépit de l'approche des forces alliées de l'Ouest comme de l'Est. Le dernier ordre concernant cette quête occulte, donné par Himmler à son équipe, visait prouver que Von Stauffenberg, le principal accusé lors de l'attentat à la bombe en 1944 contre Hitler, avait parmi ses ancêtres des persécuteurs de sorcières.

Chronique de Schilling de Lucerne (1513),
illustrant la mise au bûcher d'une femme à Willisau (Suisse) en 1447

Finalement, toutes les publications et les livres prévus sur ce sujet ne virent jamais le jour. La seule chose qui reste de cette incroyable quête occulte en plein XXe siècle sont les fiches de l'Hexenkartothek ; les originaux se trouvent maintenant à Poznań (Pologne) et une copie peut être trouvée sur microfilms au Bundesarchiv de Berlin. Elles ne présentent toutefois pas un très grand intérêt pour les chercheurs modernes car elles n'ont pas été collectées suivant les meilleures méthodes scientifiques.

Cette affaire est bien réelle et a des racines profondes dans l'occulte, mais il ne faut pas en déduire toutefois qu'Himmler voulait jeter des sorts aux Alliés ! Son but était seulement de prouver une conspiration chrétienne et juive contre les anciens Aryens.

Hitler et la Magie

Beaucoup a été écrit dans le domaine du pseudo-ésotérisme et une généalogie sulfureuse sans fondement historique sérieux fut ainsi attribuée à Hitler dans la dernière partie du XXe siècle : il aurait été le médium de Satan, aurait vendu son âme au Diable et aurait négocié avec les Supérieurs Inconnus de Shamballah ou les extraterrestres d'Aldebaran. La plupart de ces inventions avait d'abord été produite par la propagande alliée afin de le discréditer et de hâter sa chute. Certains allèrent même jusqu'à affirmer qu'il eut des pratiques sexuelles anormales comme le sadomasochisme. La vérité est pourtant souvent plus étrange que la fiction. C'est le cas d'un livre provenant de la bibliothèque privée d'Hitler.

A l'été 1945, la 101e Airborne Division américaine trouva la bibliothèque privée d'Hitler conditionnée dans des caisses cachées dans une mine de sel près de Berchtesgaden, près d'où était situé le Berghof, son chalet alpin. Il n'y avait en fait que 3.000 livres des quelque 16.000 qu'il était censé posséder en différents endroits. Ces livres furent envoyés au début des années 50 à la Bibliothèque du Congrès des Etats-Unis.

Les auteurs les plus sérieux, comme Nicholas Goodrick-Clarke, réfutent l'idée qu'Hitler ait été intéressé ou impliqué sérieusement dans l'occultisme. On trouve toutefois des livres sur l'occultisme et l'ésotérisme dans sa bibliothèque, écrits par des auteurs comme : Adamant Rohm, un « docteur magnétopathique », Carl Ludwig Schleich, un médecin de Berlin recourant à l'anesthésie locale, et Joseph Anton Schneiderfranken, alias Bô Yin Râ qui écrivit des livres sur la réincarnation. Le livre le plus étrange et le plus annoté par le Führer, est toutefois sans aucun doute *Magie : histoire, théorie et pratique* d'Ernst Schertel (1923). Ernst Schertel, un avocat précoce dans les années 20 du mouvement nudiste allemand, aborda des thèmes liés à la magie, aux démons, à l'érotisme, au sadomasochisme et à la flagellation.

Il dédicaça une copie de son livre à Adolf Hitler et la lui envoya en 1923. Ce fait ne fut rendu public qu'en 2003, dans un article publié dans *The Atlantic Monthly* par Timothy Ryback, auteur du livre *Dans la bibliothèque privée d'Hitler* (2010).

Parmi les passages annotés par le Führer, on trouve, entre autres : « Les fausses représentations sont nécessaires à la reconnaissance de la vérité » ; « Celui qui n'a pas la graine du démon en soi, ne donnera jamais naissance à un monde magique » ; « Satan est le commencement... ».

Comme « récompense », le Docteur Ernst Schertel fut envoyé dans un camp de concentration et son doctorat lui fut retiré pour toute la durée de la guerre. Est-ce que tout ceci n'est pas à l'évidence une véritable preuve de l'implication d'Hitler, ou tout au moins de son intérêt dans l'occulte ? Hitler lut beaucoup de livres durant sa vie mais s'il fut attiré par l'occultisme, cela dut plutôt être lors de ses jeunes années à Vienne, où l'on rapporte qu'il aurait été un lecteur assidu de la revue raciste (*völkisch*) et occultiste *Ostara*. Plus tard dans sa vie, mais déjà dans *Mein Kampf*, il se moqua des astrologues, médiums, voyants et tout « ce fatras occulte » pour lequel Himmler avait tant d'appétence.

Wotan et l'archétype aryen

Il convient de ne pas oublier l'intérêt du célèbre psychanalyste suisse Carl Gustav Jung pour une interprétation archétypale du nazisme, dès lors que celle-ci est étroitement liée à une approche pseudo-religieuse du phénomène. Il n'est donc pas étonnant que Jung maintint une correspondance pour quelque temps avec Miguel Serrano, le diplomate chilien nazi, portant sur la psychologie mais également sur des sujets plus ésotériques relevant de la théorie des archétypes.

Wotan alias Odin, le Dieu Nordique

Dans son essai intitulé *Wotan*, publié pour la première fois en 1936 à Zurich, dans la *Neue Schweizer Rundschau*, Jung, parlant du nazisme en Allemagne, suggère que « peut-être pouvons-nous résumer ce phénomène général comme *Ergriffenheit*, l'état de celui qui est saisi ou possédé. Ce terme ne suppose pas seulement un *Ergriffener* (celui qui est saisi) mais également un *Ergreifer* (celui qui saisit). Wotan est un *Ergreifer* des hommes et à moins que l'on ne veuille déifier Hitler, ce qui est de fait arrivé, il est la seule explication. »

Dans son livre *Soleil Noir, Cultes aryens, nazisme ésotérique et politiques de l'identité*, Nicholas Goodrick-Clarke écrit comment Carl Jung montra « Hitler comme possédé par l'archétype de l'inconscient collectif aryen, ne pouvant pas s'empêcher d'obéir aux injonctions d'une voix intérieure ». Hitler parle en effet souvent de sa « voix intérieure » et de la Providence qui lui vinrent en aide dans les moments les plus difficiles de sa vie.

Carl Jung pensait qu'Hitler était un archétype, se manifestant souvent complètement en-dehors de sa propre personnalité. « Hitler est un vaisseau spirituel, une semi-divinité ; plus encore : un mythe. Benito Mussolini est un homme... le messie de l'Allemagne qui enseigne les vertus du glaive. La voix qu'il entend est celle de l'inconscient collectif de sa race ». Cela nous entraîne vers toutes les théories marginales d'un Hitler médium des Puissances Supérieures, comme n'ont pas manqué de l'évoquer les auteurs les moins sérieux.

LES MYTHES D'APRES-GUERRE

Il n'existe que peu de livres sérieux sur l'occultisme nazi. Les références les plus fiables dans ce domaine sont presque exclusivement *Les racines occultes du nazisme* de Nicholas Goodrick-Clarke et *Arktos - Le mythe polaire* de Joscelyn Godwin. Ces livres traitent la question d'un point de vue académique et érudit, mais n'en présentent pas moins le mérite de tracer la limite entre les faits historiques et les fantaisies, voire les simples mensonges concoctés par des charlatans.

Nous pensons que les gens intéressés par l'étude de l'ésotérisme méritent la vérité et qu'ils préfèrent voir déconstruit un des mythes auquel ils tiennent, plutôt que de perdre leur temps en recherches inutiles. Comme le dit très justement Sagan : « Il ne s'agit pas de savoir si nous aimons la conclusion qui émerge d'une chaîne de raisonnements, mais bien plutôt de savoir si cette conclusion est la conséquence logique des prémisses, et si ces prémisses sont vraies ». Comme Colin Summerhayes du Scott Polar Institute le résume parfaitement dans son article *La base antarctique d'Hitler : le mythe et la réalité (Hitler's Antarctic base: the myth and the reality)* : « La charge de la preuve devrait reposer sur les épaules de ceux qui font des affirmations. Il n'est pas suffisant de proposer une idée, puis d'affirmer que l'hypothèse n'est pas testable parce que les preuves la soutenant ont fait l'objet d'une opération de dissimulation. »

Les alliés découvrirent les horreurs des camps de concentration et durent faire face à une situation pour laquelle ils n'étaient pas préparés en plein XXe siècle, tout particulièrement dans une nation comme l'Allemagne que l'on croyait si civilisée. Pourquoi tous ces meurtres ? Pourquoi cette volonté implacable de tuer ? Pourquoi le régime nazi donna priorité aux convois de déportés juifs, même lorsque la fin de la guerre était proche, alors que l'armée allemande avait un besoin aigu de transporter ses troupes afin d'arrêter l'avance alliée ? Quel plan caché pouvaient-ils dissimuler derrière de tels agissements ?

Ces presque douze années qu'a duré le IIIe Reich suivirent des règles qui étaient complètement différentes du reste du monde civilisé ; le même vaut pour leur idéologie, leurs buts et les concepts mêmes qu'ils se faisaient de la vie humaine et de l'histoire. Pauwels et Bergier, bien qu'ils rapportèrent de nombreuses histoires sans preuve sur cette période, inventèrent néanmoins une expression très juste pour ce qui se passa alors : ils nommèrent cette période de douze années "L'Ailleurs Absolu".

Le Matin des Magiciens

Le Matin des Magiciens est un livre paru en France et écrit par Pauwels et Bergier en 1960. Ce fut un best-seller qui fut ensuite traduit dans de nombreuses langues. Le contenu du livre consistait principalement d'histoires très prenantes mais non fondées sur des faits historiques ou scientifiques établis.

Ils abordèrent de nombreux sujets comme les anciens astronautes, le spiritisme, les artefacts retrouvés dans des lieux improbables ("Out of place artifacts" dans le monde anglo-saxon) et surtout ils dédièrent une partie entière à l'ésotérisme nazi. De la manière dont ils présentèrent cette « brèche dans la trame de l'histoire », on constate toutefois qu'ils eurent des prédécesseurs dès le début des années 30, époque à laquelle des livres, pour la plupart français, associaient Hitler aux Forces du Mal, voire même au Diable incarné.

Pauwels et Bergier mélangèrent quelques faits peu connus sur l'ère nazie à de pures inventions provenant de leurs imaginations fertiles. Ils mentionnèrent la théorie de la glace éternelle d'Hörbiger, désormais bien connue, ses lunes tombantes et l'engloutissement de l'Atlantide, la théorie de la Terre creuse, la Société de Thulé et l'inévitable Société du Vril.

Nous avons pris le parti de ne citer que les opinions d'experts reconnus dans ce livre, mais Pauwels et Bergier ne s'embarrassèrent pas de telles précautions et inventèrent une vie alternative au Professeur Haushofer, qui aurait été un membre de la société secrète du Dragon Vert au Japon et qui se serait donc fait hara-kiri pour mettre fin à ses jours, juste après la guerre, ainsi qu'il l'aurait promis à ses initiateurs asiatiques.

Nos auteurs hallucinés mentionnèrent également la présence, dans les ruines de Berlin, de cadavres de « Tibétains » portant l'uniforme allemand sans insigne. Il n'existe toutefois aucune preuve historique de cet événement. Au mieux, ils auraient pu se méprendre en raison de la participation bien réelle de volontaires étrangers d'Asie centrale, « libérés » par les nazis du régime stalinien.

Volontaires asiatiques du Turkestan dans l'armée allemande (Normandie)

Le Matin des Magiciens est également un livre de plus qui cite *Hitler m'a dit* de Rauschning comme s'il s'agissait de la Bible ; plus particulièrement, il aborde encore l'histoire désormais fameuse de Hitler entendant des voix, se réveillant la nuit en poussant des cris convulsifs et pointant du doigt un coin vide de sa chambre en s'écriant: « Là, là dans le coin ! ».

Selon les érudits modernes, le livre de Rauschning était de la pure fiction. Hänel, un Suisse qui étudia le livre en détail, note que :

• L'affirmation de Rauschning d'avoir rencontré Hitler « plus d'une centaine de fois » était un mensonge, dès lors que tous deux ne se virent en personne que quatre fois et de surcroît jamais seuls.

• Certains mots qu'il attribue à Hitler lui furent simplement inspirés par plusieurs sources différentes, y compris les écrits d'Ernst Jünger, Nietzsche, et de Guy de Maupassant, notamment dans sa nouvelle *Le Horla*.

M. Emery Reves, le premier éditeur de la traduction française de
Hitler m'a dit, affirme qu'il commanda le livre à Rauschning en
1939 pour une avance de 125.000 francs et qu'ils se mirent d'accord
sur les histoires à inventer sur Hitler.

Hermann Rauschning (1887-1982)

De nos jours, plus aucun historien sérieux ne cite le livre de
Rauschning. C'est particulièrement le cas du meilleur biographe
universitaire d'Hitler, Ian Kershaw, qui déclara : « A aucune
occasion, je n'ai cité *Hitler m'a dit* de Rauschning, ouvrage
désormais considéré si peu authentique, qu'il est préférable de ne
pas en tenir compte du tout ».

La mort d'Hitler

Le nazisme est ainsi à l'origine de nombreux mythes modernes car il contient tous les ingrédients nécessaires à leur apparition. Tout d'abord, lorsque les Russes atteignirent enfin le bunker d'Hitler... celui-ci était vide. La personne qui avait été identifiée avec le Diable en personne avait disparu au tout dernier moment, donnant naissance à une multitude de théories de sa survie, au point même où le FBI et le KGB continuèrent à enquêter bien après la guerre.

Après de nombreux interrogatoires, tant aux Etats-Unis qu'en Amérique du Sud, le FBI décida toutefois de clore l'affaire en 1956, sans en avoir pourtant négligé les pistes les plus étranges ; pour sa part, le KGB resta plus suspicieux car Staline refusait d'admettre que son alter ego se fût suicidé dans son bunker berlinois.

Quelque peu paranoïaque, il donna même l'ordre à sa police secrète, le NKVD, précurseur du KGB, de scruter soigneusement tout vestige de la vie privée du seul ennemi qu'il considérait à « sa mesure ». Il ordonna ainsi la rédaction d'un livre en un exemplaire unique destiné à sa seule attention. Ce livre, récemment retrouvé par des chercheurs allemands à Moscou, fut traduit en français sous le titre *Le dossier Hitler - Le dossier secret commandé par Staline* (Henrik Eberle - 2006).

De nombreux autres livres mettent en scène Hitler s'enfuyant en Amérique du Sud et mourant à un âge très avancé, parfois même au-delà de 110 ans. Le dernier ouvrage en date, écrit par le célèbre Jerome R. Corsi, un aficionado de longue date des théories de la conspiration, affirme dans *Hunting Hitler: New Scientific Evidence That Hitler Escaped Nazi Germany* (2014), que le Führer ne fut rien moins qu'aidé par la CIA à fuir en Argentine, en échange d'informations technologiques de haute importance.

Selon les propres recherches de Simoni Renee Guerreiro Dias, journaliste brésilienne, dans son récent livre *Hitler no Brasil – Sua*

Vida e Sua Morte (Hitler au Brésil – Sa vie et sa mort), le Führer s'échappa vers ce pays et *non* l'Argentine, où il vécut avec sa petite amie noire jusqu'à l'âge de 95 ans. La preuve principale consiste en une photo couleur très floue, probablement prise dans les années 70, où l'on voit Hitler passant le bras autour du cou de son amante de couleur « afin de ne pas attirer l'attention » par une attitude qui pourrait paraître raciste.

L'histoire des restes d'Hitler et d'Eva Braun a pourtant été retracée depuis longtemps par les Soviétiques ; ceux-ci avaient toutefois leur propre agenda politique pour ne pas présenter les preuves à l'Ouest, allant jusqu'à prétendre au contraire que le Führer était sous la protection de leurs anciens alliés occidentaux.

Une unité d'élite du renseignement soviétique, le SMERSH (« La Mort » en russe) trouva en fait dès le 2 mai 1945 les restes d'Hitler, d'Eva Braun et de deux chiens dans un cratère de bombe proche du bunker. Dès le 11 mai 1945, le SMERSH avait réussi à confirmer que la dentition retrouvée était celle d'Hitler sans l'ombre d'un doute, grâce à l'aide de l'assistante de son dentiste personnel, qu'ils avaient fini par retrouver en cherchant plusieurs jours durant dans Berlin en ruines.

En 1946, à chaque étape de leur transport, les restes mortuaires d'Hitler et d'Eva Braun furent enterrés à la lisière d'un bois pour la nuit, puis exhumés le matin par les agents du SMERSH. Cette procédure de sécurité fut répétée durant tout l'itinéraire à destination d'une caserne soviétique à Magdebourg (République Démocratique Allemande), où les dépouilles calcinées y restèrent enfouies, dans des caisses, jusqu'en 1970. A cette date, les traités germano-soviétiques prévoyaient, entre autres, la restitution de cette caserne par l'URSS à la RDA. Ce fut alors que le directeur du KGB et futur président de l'URSS, Iouri Andropov, demanda la permission, dans une lettre secrète datée du 13 mars 1970, adressée au président en exercice, Léonid Brejnev, de détruire une fois pour toutes les restes mortuaires de ces personnages historiques, afin qu'ils ne soient jamais l'objet de pèlerinages néonazis à l'avenir.

Le 4 avril 1970, une équipe secrète spéciale du KGB, s'appuyant sur une carte détaillée du lieu d'inhumation, « déterra cinq caisses contenant les restes de dix ou onze corps (peut-être y avait-il là aussi la famille Goebbels)... dans un état avancé de décomposition ». Ces restes mortuaires furent à nouveau brûlés, réduits à l'état de cendres, puis jetés dans la rivière qui porte le nom de Biederitz, près de l'Elbe, dans la commune de Schönebeck, à quelque 11 km de Magdebourg.

Hitler avait été obsédé par l'idée d'être capturé vivant par les Russes et exposé en public de manière humiliante comme ce fut le cas de Mussolini après sa mort. Son choix de disparaître dans le bunker, sans laisser de traces, correspondait aussi à une volonté délibérée de mettre en scène sa sortie grandiose de l'Histoire.

Le trésor mystique de la SS

Le trésor de la SS est un « Grand Secret » selon Saint-Loup, un auteur français prolifique dont l'attention se porta principalement sur l'histoire des volontaires français de la division SS Charlemagne, qui combattit le bolchevisme en URSS. Saint-Loup est un nom de plume pour Marc Augier, un collaborateur français, grand sportif et journaliste ayant commencé sa carrière à gauche au temps du Front Populaire.

Saint-Loup en 1942 à Smolensk en uniforme allemand

Dans nombreux de ses livres, Saint-Loup présente la SS comme un ordre noble, version moderne des chevaliers teutoniques, oubliant bien vite les atrocités que ses membres commirent durant la seconde guerre mondiale.

Il leur donne une aura d'héroïsme et en fait les gardiens de la race aryenne dans un après-guerre « décadent ». Ce qui les rend particulièrement intéressants est le fait de posséder le Grand Secret de la race aryenne, le seul permettant de sauver la race blanche pour ne pas disparaître de la surface du globe.

Ce Grand Secret était, selon Saint-Loup, gravé sur des tablettes de bois par les cathares au XIIIe siècle en France, au moment de la chute du château de Montségur. Elles seraient un équivalent aryen aux tables de pierre sur lesquelles Moïse grava les Dix Commandements, sauf que les Juifs essayèrent tout à la fois de les préserver et de les comprendre, alors que les Aryens ne savaient pas d'où elles provenaient et étaient ignorants de leur contenu.

Les tablettes aryennes étaient censées avoir été découvertes par Otto Rahn avant la seconde guerre mondiale, cachées quelque part autour de Montségur dans les Pyrénées. Otto Rahn était un spécialiste allemand de langues et littératures romanes, mais aussi un membre de la SS qui dépendait directement de l'Ahnenerbe et du Reichsführer Heinrich Himmler. Il rapporta les tablettes en Allemagne, puis, comme nous l'avons vu, fut retrouvé gelé à mort dans les Alpes bavaroises quelque temps après alors qu'il était un excellent alpiniste.

Le Zillertal vers 1898

Lorsque les Alliés se rapprochèrent de la Forteresse alpine, Saint-Loup affirme que le 2 mai 1945, une unité spéciale SS, composée uniquement d'officiers de diverses nationalités européennes, se rassemblèrent au Tyrol en Autriche, au croisement des routes Innsbruck-Salzbourg et Gmünd-Zell am Ziller. Le jour précédent, trois officiers SS de haut rang (un Français, un Norvégien et un Américain, car il y eut même en très petit nombre certains de ces derniers au sein de la SS) furent emmenés probablement à destination du Tibet, par un avion à long rayon d'action qui atterrit sur l'autoroute Munich-Salzbourg.

Le reste de l'unité SS attendait quelque chose de vraiment très important et pour cette raison toutes les mesures nécessaires avaient été prises pour contenir l'avance des armées alliées. Finalement, un convoi venant de Berchtesgaden, ville proche du chalet alpin d'Hitler, remit à l'unité spéciale SS une caisse en plomb. Leur mission consistait à laisser tomber cette caisse dans le glacier du Zillertal. Elle contenait les tablettes aryennes des cathares. Ces tablettes contenaient un message purement païen, adressé aux générations à venir d'Aryens. Ils espéraient que la caisse descendrait lentement sur le fond de la vallée, au rythme du glacier, pour réapparaître enfin au bas du massif alpin entre 1990 et 1995.

Le secret contenu dans cette caisse de plomb était si important qu'il devait être lu par tout Aryen. Dans le cas contraire, toute la race blanche du monde serait décimée.

Selon Saint-Loup, le secret était que les Aryens devaient toujours suivre la sainte loi prônant de ne pas mélanger leur sang avec celui de « races inférieures », faute de quoi ils seraient éradiqués de la surface de la Terre. Cette croyance gnostique et manichéenne mettait en avant que tous les non-Blancs et particulièrement les Juifs, devaient être considérés comme le Mal, et que le Saint Graal était une métaphore au sens propre de la transmission du pur sang aryen.

Armes secrètes de fantaisie

Les véritables armes miracle étaient si en avance sur leur temps qu'elles semblaient venir tout droit du futur. Cela ne justifie toutefois en rien d'inventer des histoires concernant leurs origines, qui ne sont pas seulement ridicules dans leur conception même, mais qui sont de surcroît totalement frauduleuses par nature.

Die Glocke - Une des inventions les plus mensongères des fictions d'après-guerre est certainement Die Glocke (en allemand : la Cloche). Igor Witkowski, un journaliste polonais affirma en 2000 qu'il avait eu accès à des dossiers secrets de la SS relatant la soi-disant existence de Die Glocke, ce qu'il consigna dans son livre *Prawda O Wunderwaffe* (La vérité sur les Armes Miracle).

Comme à l'habitude avec ce genre d'invention, Witkowski ne peut communiquer la source des services secrets qui lui donnèrent cette information, pour « des raisons évidentes de sécurité ». Cela n'empêcha en rien l'auteur britannique Nick Cook de réutiliser ce matériau fantaisiste avec le plus grand sérieux, comme s'il s'agissait d'une vérité historique, dans son livre *The Hunt for Zero Point,* destiné aux audiences underground des « prêts-à-gober n'importe quoi ».

Cela poussa Joseph P. Farrell à réutiliser également les affirmations de Witkowski afin de réveiller l'intérêt déclinant des lecteurs assidus de fatras occultistes nazis. Il est amusant de noter comment ces auteurs anglo-saxons prétendant avoir « la toute dernière révélation secrète », ont dû attendre des années après qu'un journaliste polonais inconnu eut d'abord écrit sur Die Glocke. Aucun de ces auteurs ne se donne la peine de partager ses sources, ni ne peut s'empêcher de fabriquer de toutes pièces des inventions intempestives relevant de la pure science-fiction (le petit jeu des *"Et si... ")*.

Die Glocke est censée avoir été inventée par des scientifiques nazis, aidés par des prisonniers juifs, comme moyen de voyager à travers le temps et l'espace en recourant à l'anti-gravité.

Le Henge en Pologne

Cette « cloche » fut construite dans les installations souterraines de Der Riese, qui pour leur part existèrent bel et bien comme nous avons pu le voir plus tôt. Die Glocke était « faite d'un métal dur et lourd, mesurant à peu près 2,75 mètres de large pour 3,5 à 4,5 mètres de hauteur ; elle avait une forme semblable à celle d'une grande cloche ». L'effet antigravitationnel était obtenu au moyen de deux cylindres tournant en sens inverse l'un de l'autre et rempli d'une substance pareille au mercure.

Witkowski affirme que les ruines en métal et en béton, que l'on trouve en Pologne sous le nom du « Henge », près des mines de Venceslas, auraient servi de rampe de test aux expériences liées à Die Glocke. Mais de fait, de telles structures peuvent être également trouvées dans les environs, dans cette même région de Pologne ; elles ne sont rien d'autre que des tours de refroidissement de centrales produisant de l'énergie.

Le plus amusant est qu'aucun de ces auteurs ne peut se mettre d'accord sur la manière dont l'histoire se termine. Farrell fait tuer par les nazis pas moins de 60 scientifiques qui ont contribué au projet afin d'en maintenir le secret.

Des tours de refroidissement à Siechnice, Pologne. Ça sonne une cloche ?

Witkowski affirme pour sa part que Die Glocke finit quelque part en Amérique du sud. Cook, enfin, dit qu'elle a été probablement emportée par les Américains lors de l'opération Paperclip. Il y a même des chaînes de télévision connues et parfois réputées, qui se sont aventurées à raconter ces différentes versions au moyen de reconstitutions en 3D avec force effets spéciaux, où l'on peut voir Die Glocke enchaînée au Henge, tentant de s'en échapper à la manière d'une expérience du Docteur Denfer (*Dr Evil* en anglais dans le fameux film *Austin Powers*).

Une fois encore bien sûr, le maléfique général SS Hans Kammler fait partie du complot et, selon différentes versions de cette histoire, on le voit soit négocier avec les Américains, soit disparaître littéralement de la surface de la Terre… peut-être même de notre réalité spatio-temporelle !

Strahlkanone – Il exista au moins un projet destiné à envoyer un rayon lumineux mortel aux forces alliées ; quelque chose que l'on pourrait appeler un « canon laser » de nos jours. Rien n'est connu avec précision sur ce mystérieux plan, sauf qu'un certain professeur Ernst Schiebold de Leipzig réussit à obtenir des fonds du régime nazi afin de concrétiser cette arme miracle fantastique. Plus récemment, son ex-secrétaire a témoigné à la télévision allemande de la réalité de ce projet, mais elle admit n'avoir jamais été autorisée à pénétrer dans le bunker où avaient lieu les véritables expériences. Une fois ce projet arrêté, personne n'entendit plus parler du professeur Schiebold.

Photo d'un projet similaire : un Schallkanone ("Canon à son").

Cela ne correspond pas au cas-type d'une véritable « arme secrète de fantaisie », car il manque notamment une documentation plus fournie afin de distinguer les faits de la fiction. C'est toutefois assez atypique pour appartenir à la catégorie des « armes secrètes prévue » mais qui ne réussirent pas à changer le cours de la guerre contre les Alliés. En effet, elles n'en étaient qu'au stade précoce de prototypes voire de schémas techniques.

OVNI nazis – Dans l'underground des légendes de science-fiction qui peuplent Internet et dans le monde florissant des théories conspirationnistes, circulent des affirmations non fondées selon lesquelles le IIIe Reich aurait réussi à produire des appareils volants futuristes, très en avance des capacités scientifiques de son temps. Ces soi-disant OVNI nazis ont même des noms : *Rundflugzeug, Feuerball, Diskus, Haunebu, Hauneburg-Geräte, V7, VRIL, Kugelblitz, Andromeda-Geräte, Flugkreisel, Kugelwaffen,* et *Reichsflugscheiben.* Plusieurs plans de ces appareils peuvent être trouvés sur Internet, tous concoctés en allemand avec des polices de caractères « nazies originales », et des mesures précises afin d'y ajouter une touche réaliste.

Ces fantaisies sur les OVNI nazis proviennent principalement de trois origines :

1- Le spectre prétendument plus large des réussites de l'expédition allemande de 1938-1939 en Antarctique au Neuschwabenland. Colin Summerhayes du Scott Polar Institute a toutefois démonté toutes ces affabulations qui affirmaient qu'il y avait eu des bases allemandes en Antarctique *(Voir le chapitre sur le Neuschwabenland).*

2- La grande avance que les nazis possédait sur le lancement de fusées et les soi-disant trouvailles du Docteur Viktor Schauberger dans le domaine de nouveaux moyens de propulsion révolutionnaires (Son fameux moteur "Repulsine"). Des scientifiques démontrèrent toutefois que sa Repulsine n'était rien d'autre qu'une turbine hydraulique, sur laquelle il travaillait afin de refroidir les moteurs d'avion dans les usines Messerschmitt.

Vraie Repulsine

La Repulsine apparaît parfois comme OVNI nazi
avec une croix de la Luftwaffe

3- Les apparitions aux Alliés des soi-disant "Foo Fighters", qui auraient été des armes secrètes allemandes, destinées à harceler un avion au moyen d'attaques électromagnétiques. Bien que ces phénomènes fussent bien réels, les pilotes allemands purent observer les mêmes et se demandèrent ce qu'ils pouvaient être et d'où ils pouvaient bien venir.

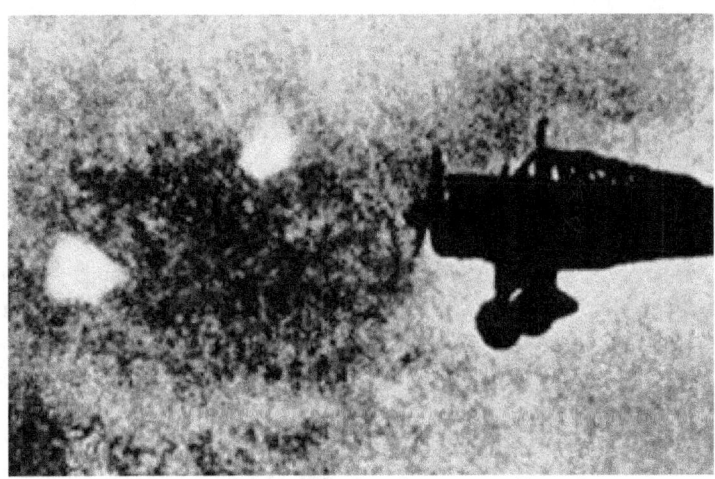

Photo rare de Foo Fighters volant autour d'un avion

Malheureusement pour les amateurs de telles histoires mystérieuses, il n'existe que des livres et des sites Internet sans fondement scientifiques qui traitent du sujet. L'avidité de certains auteurs à gagner de l'argent ou, au mieux, à prouver leurs affirmations, les conduit bien souvent à associer des faits sans aucun rapport, à en tirer des conclusions hâtives au sujet d'événements similaires qui n'ont eu lieu ni au même moment, ni au même endroit. Leurs sources sont soit des informateurs anonymes pour des « raisons évidentes de sécurité », ou bien elles sont basées sur d'autres livres ou sites Internet aussi sérieux que les leurs. Ils se nourrissent les uns les autres, et ceux qui osent les critiquer sont habituellement considérés comme faisant partie « d'opérations gouvernementales de couverture », voire, au pire, de « petits génies » étroits d'esprit et doutant de tout.

Certaines des premières relations concernant les soucoupes volantes, comme Kenneth Arnold en 1947, impliquaient même les militaires américains dès lors que leurs formes étaient effectivement très proches de l'aile volante des frères Horten. Il fut finalement conclu qu'en dépit d'une avance certaine sur leur temps en aéronautique, les plans allemands n'étaient restés qu'à l'état de schémas techniques ou de prototypes peu fiables au moment où la guerre s'acheva.

Un peu plus tard lors de la vague d'OVNI, un Américain d'origine polonaise du nom d'Adamski, affirma avoir vécu des rencontres du troisième type, c'est-à-dire de véritables rencontres avec des extra-terrestres. Ces premiers extra-terrestres avaient ceci de particulier qu'ils ressemblaient beaucoup au « parfait Aryen » ; ils étaient grands, blonds, aux yeux bleus, quoique prétendant venir de Vénus.

Adamski prit même une photographie de leur engin spatial, mais le seul petit ennui est qu'il fut prouvé plus tard qu'il ne s'agissait que... d'un lampadaire. Cette découverte n'a pas empêché cette photographie d'être utilisée à l'envi sur Internet, comme modèle-type des soi-disant OVNI nazis, parfois même numérisés en 3D avec une croix de la Luftwaffe sur ses flancs.

Les premiers liens établis entre les OVNI et les nazis sont le fruit du travail du Professeur italien Giuseppe Belluzzo, un scientifique et ancien Premier Ministre de l'Economie Nationale sous le régime de Mussolini. Il affirma en 1950 que « des types de disques volants furent conçus et étudiés en Allemagne et en Italie aussi précocement qu'en 1942 ».

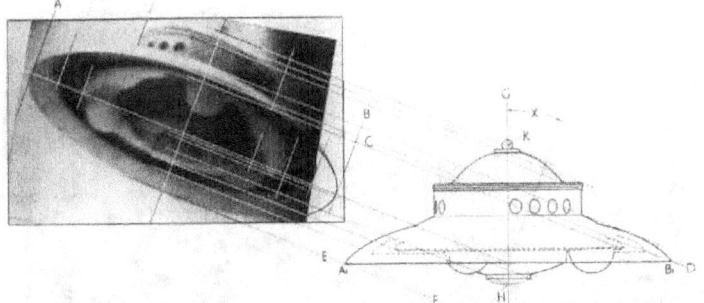

L'OVNI d'Adamski, simple lampadaire (à gauche), et un OVNI nazi (à droite)

Il y eut ensuite des affirmations que des usines souterraines de FIAT, principalement situées dans de vastes tunnels près du Lac de Garde en Italie, furent utilisés pour produire des OVNI nazis. Ces histoires furent propagées par l'Italien Renato Vesco, qui prétendit, entre autres, avoir étudié à l'Institut aéronautique allemand durant la guerre ; il fut cependant discrédité plus tard en raison de discordances concernant son très jeune âge à l'époque.

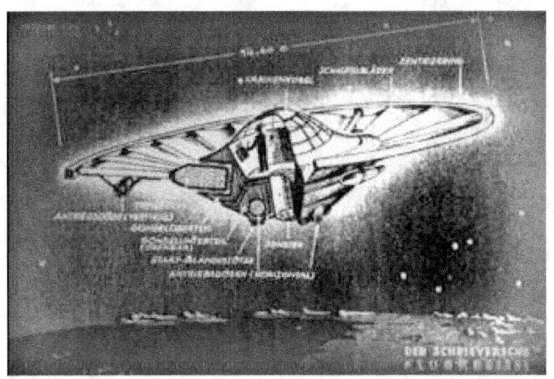

L'appareil volant de Rudolf Schriever tel que publié par Der Spiegel (1950)

En 1950 le célèbre magazine allemand Der Spiegel aborda le sujet de possible OVNI nazis pour la première fois, et rapporta les histoires douteuses de l'ingénieur Rudolf Schriever et de ses appareils volants. Schriever afficha également des discordances dans ses déclarations ultérieures concernant la même histoire, notamment en 1952 lors d'un autre entretien.

Il est vrai toutefois que certains prototypes qui n'atteignirent jamais le stade de production de masse, comme le Sack AS-6, possédait une forme très proche de celle rapportée lors d'apparition d'OVNI après-guerre.

Prototype du Sack AS-6

L'émergence du phénomène des OVNI nazis est toutefois due historiquement à des auteurs comme Jan van Helsing, Norbert-Jürgen Ratthofer, et Vladimir Terziski, qui développèrent le fond de ces histoires tout en y ajoutant des détails, afin de devenir les mythes sophistiqués que nous connaissons aujourd'hui. Ils mélangèrent allègrement les sociétés de Thulé et du Vril, inventèrent les *Vrilerinnen* ("Les filles du Vril"), parmi lesquelles figure la célèbre Maria Orsitsch, qui aurait soi-disant pris contact avec des extra-terrestres du système planétaire d'Aldebaran, grâce à leurs longs cheveux qui agissaient comme des antennes.

De ces contacts et du crash d'un OVNI retrouvé dans la Forêt Noire en 1936, elles auraient réussi par rétro ingénierie à accéder aux technologies extra-terrestres, afin de produire toutes les machines volantes que vous pouvez observer de nos jours dans le ciel de l'Antarctique.

Certains de ces auteurs poursuivaient même des buts politiques situés à la droite radicale et surfèrent sur la vague de l'occultisme nazi mis à la mode par Pauwels et Bergier au début des années 60. C'est le cas du Cercle de Vienne de Wilhelm Landig à sa tête, dont nous avons déjà parlé. Par ailleurs, un célèbre négationniste de l'Holocauste nommé Ernst Zündel admit presque, lors d'un entretien, qu'il recourut à la folie ufologique afin d'attirer l'attention sur ses livres et croyances. Il essaya même d'organiser un voyage en Antarctique pour une somme de 9.999 dollars par passager, afin de localiser au pôle l'entrée de la Terre creuse ; le projet fut finalement abandonné. Enfin, des extrémistes de droite, comme Miguel Serrano, semblent sincèrement croire à leurs propres histoires et ont largement contribué au sous-genre nazi des apparitions d'OVNI et de l'ésotérisme SS.

Dans la culture populaire, nous trouvons d'inoffensifs livres comme *Rocket Ship Galileo* (1947) de Robert Heinlein, destiné aux enfants et qui attira l'attention du public pour montrer une base nazie sur la lune, parmi d'autres péripéties. Dans la même veine, le récent film de comédie-science-fiction *Iron Sky* (2012) met en scène des nazis vindicatifs qui habitent sur la face cachée de la lune, prêts à reconquérir la Terre afin d'y établir un IVe Reich.

L'auteur de ce livre ne peut qu'humblement rapporter un cas étrange qu'un ami voulut bien partager avec lui. Il n'est toutefois pas confirmé par d'autres sources indépendantes. Le grand-père de cet ami était parmi les premiers aviateurs français à voler au-dessus du sol allemand, avant même qu'aucune troupe d'infanterie n'y posa le pied. Il raconta à mon ami, qui avait alors seize ans, qu'il avait vu des avions ou des « vaisseaux spatiaux d'autres mondes » sur le tarmac des aéroports allemands ; des choses qu'il n'avait jamais vues auparavant de toute sa vie. Il ajouta qu'il y en avait beaucoup et que cela l'inquiétait au plus haut point dès lors que la propagande alliée avait promis la rapide défaite du Reich. Il prit de nombreuses photographies de ces « machines volantes » et les consigna consciencieusement dans son livre de bord. Il montra d'ailleurs ces photographies à mon ami après la guerre, dans les années 70.

Lorsque son grand-père mourut, personne dans la famille ne retrouva jamais ces clichés. Ils avaient tout simplement disparu. Cela pouvait-il être le travail des services secrets ?

Il est intéressant de mentionner en outre la peur de son grand-père en 1989 lorsqu'il assista à la télévision à la chute du mur de Berlin. Toute la famille se réjouissait bruyamment de ce progrès de la liberté, alors que lui restait figé devant son poste de télévision, blanc comme un linge, ne pouvant que murmurer, terrorisé : « Oh non ! *Ça* revient ! »

Le projet Amerika Bomber - Le projet Amerika Bomber était un plan allemand destiné à bombarder le sol américain et tout particulièrement New York, grâce à un avion *ad hoc* à long rayon d'action capable de revenir en toute sécurité à son point de départ. Le projet fut finalement abandonné car trop onéreux et consommateur de ressources, en comparaison de la relativement faible charge d'explosifs qu'il pouvait transporter au-dessus de l'Atlantique.

La possibilité de larguer une bombe nucléaire aurait donné plus de crédit au projet, mais cela aurait nécessité encore plus de temps et de ressources. Les Allemands étudièrent pourtant bel et bien la fission nucléaire, en recourant à l'eau lourde de Norvège pour leurs expériences, mais ces recherches étaient tellement disséminées entre de nombreuses administrations différentes, que cela rendait pratiquement impossible toute visibilité sur sa faisabilité pour le haut commandement.

En 1955, la revue britannique *RAF Flying Review* affirma publiquement qu'un tel aller et retour pour larguer une bombe sur New York aurait pu être effectué par un hexamoteur Ju 390 *(voir le chapitre sur les armes secrètes)*. L'article se basait sur des « dossiers non précisés sur les aéronefs allemands » qui affirmaient que l'hexamoteur avait survolé New York pendant une heure. L'article fut toutefois ensuite révisé pour une plus humble version, qui prétendait que le Ju 390 avait effectué un vol de reconnaissance de 32 heures, fin 1944, en décollant de Bordeaux en France et parvenant à 19 km de New York. Les pilotes auraient même pris des photos de la fameuse skyline de New York.

Après la fin de la guerre, l'historien de l'aviation Dr. Kenneth P. Werrell jeta de sérieux doutes sur cette histoire, et insista sur le fait que les photos prises par les pilotes n'avaient jamais été retrouvées. A une date ultérieure, Werrel étudia méticuleusement toutes les données concernant le rayon d'action du Ju 390 et il en conclut que cela aurait été hautement improbable.

Hexamoteur Ju 390 au sol

Le coup de grâce a été assené à ce mystère de l'aviation par les auteurs allemands Karl Kössler et Günter Ott, dans leur livre sur les avions Junker. A l'instar de Werrel, ils pensèrent qu'un vol aller et retour n'était pas faisable et ils prouvèrent même qu'il n'y en eut jamais aucun qui permît d'apercevoir la skyline de New York. La raison en est simple : la France offrait le lieu le plus « proche » d'où s'envoler pour l'Amérique, mais la seule version modifiée du Ju 390 disponible pour un tel vol (le Ju 390 V1) ne se trouvait pas sur le sol français à ce moment, mais à Prague en Tchécoslovaquie de novembre 1943 à fin mars 1944.

Ces auteurs allemands proposent d'ailleurs une raison supplémentaire pour laquelle ce vol aurait été impossible, à savoir que le prototype version Ju 390 V1 était incapable de décoller avec une charge de carburant nécessaire pour un vol aller et retour vers l'Amérique. S'agissant du second et dernier modèle de Ju 390, appelé Ju 390 V, il ne fut pas achevé avant octobre 1944.

Le Génocide

Les premiers soldats alliés qui libérèrent les camps de la mort, n'avaient pas assez de mots pour décrire ce dont ils étaient témoins. C'était une irruption massive d'horreur et de pratiques barbares d'une époque primitive. La comparaison avec les tourments et les tortures pratiqués par l'Inquisition au Moyen Age, ne peut être évoquée que pour la manière dont les victimes furent mises à mort ; mais la principale différence avec ces Ages des Ténèbres était la magnitude de ce désastre qui avait frappé ces innocentes victimes : elles pouvaient être comptées par millions.

La plupart des historiens y virent les simples et logiques conséquences de l'eugénisme antisémite nazi qui était au cœur de l'idéologie national-socialiste. Cela est sans doute vrai. Mais il subsiste néanmoins une question qui ne peut être résolue par le pur fanatisme nazi : pourquoi les Allemands donnèrent-ils priorité aux trains transportant les Juifs vers les camps de la mort plutôt qu'à leurs propres convois militaires, plein de soldats et de chars, au moment précis où le vent de la guerre avait tourné et où ils avaient besoin plus que jamais de ces ressources sur le front russe ?

Les premiers à aborder ce sujet, bien que n'étant pas les auteurs les plus sérieux, furent Pauwels et Bergier dans leur *Matin des magiciens*. Ils lièrent la Société de Thulé à certaines pratiques magiques permettant d'atteindre les Puissances, et ainsi en être bénit pour dominer le monde tout en étant protégé contre tout danger possible. Ce pacte était censé durer mille ans, jusqu'au prochain Grand Déluge. En retour, ces Puissances exigeaient que chaque membre de la Société de Thulé qui commettait une erreur, périsse de sa propre main. Dans l'esprit des hauts dignitaires nazis responsables du génocide, ces sacrifices auraient servi à attirer l'attention des Puissances afin de les avoir à leurs côtés contre leurs ennemis. En plein XXe siècle, d'après ces théories, ils se seraient comportés de la même manière que les Mayas de l'Amérique précolombienne, sacrifiant des vies humaines au Soleil.

En 2004, David Brin & Scott Hampton publièrent *D.Day : Le Jour du Désastre* aux éditions Humanos. C'est une bande dessinée de science-fiction qui appartient au genre de l'histoire alternative ou uchronie. Une uchronie choisit toujours un point décisif dans le déroulement de l'histoire et pose la question : « Et si cela ne s'était pas passé ainsi ? » ; Par exemple : « Et si Hitler avait gagné la guerre ? » ; « Et si les Confédérés avaient remporté la guerre de sécession ? »

Le Jour J (*D Day* en anglais), soit le 6 juin 1944, l'armada alliée approchant les côtes de Normandie est balayée par une attaque éclair des dieux nordiques, venus se battre aux côtés des nazis. Certains disent que les anciens dieux nordiques moururent avec leur dernier fidèle. Le but des occultistes nazis aurait été de les ressusciter en les nourrissant des millions d'âmes des victimes qu'ils exterminaient dans leurs camps de la mort.

Toutes ces fantaisies macabres, relayées par certains films d'Hollywood comme *Hell Boy*, sont directement liées à l'étendue des meurtres du génocide. Ce dernier était difficilement compréhensible par les vainqueurs : comment une nation aussi civilisée que l'Allemagne pouvait faire cela ... à moins d'être sous l'emprise d'un « sortilège ? »

Le nazisme devient semi-religieux

La naissance d'une nouvelle religion a besoin d'un mythe cosmogonique de création, d'un dieu ou d'un prophète déifié, d'un clergé, d'un rituel et bien sûr de disciples qui possèdent une sainte foi assez forte pour s'adonner au prosélytisme. C'est une étape beaucoup plus subtile et cela nécessite un bien plus long laps de temps pour cristalliser ces ingrédients en une alchimie réussie que ce qui est requis pour créer un simple « Culte du cargo », tels qu'ils ont pu se développer dans certaines îles du Pacifique, particulièrement pendant la seconde guerre mondiale.

Tous ces ingrédients religieux n'étaient pas tous présents au temps de Jésus, mais ils se développèrent dans les décennies et même les siècles après son existence terrestre. L'église catholique fournit une structure grâce à sa hiérarchie, au travers de ses évêques, puis formalisa le dogme ainsi que le droit canon en même temps ou plus tardivement. Cela apparaît particulièrement en 325 av JC, lors du Concile de Nicée, convoqué par l'empereur Constantin, agissant en cela d'ailleurs pour des raisons purement politiques. Ce processus pourrait bien entendu être démontré pour d'autres religions ou des mouvements sectaires. Certains vont même jusqu'à affirmer qu'une nouvelle religion n'est juste qu'une secte qui aurait réussi.

Le national-socialisme n'était pas considéré en son temps comme une religion, même par ses membres les plus fanatiques. Le fait que Himmler ait essayé de rendre vie à des croyances germaniques païennes anciennes, n'était en rien lié au contenu idéologique du national-socialisme. A l'inverse, la période qui commença après la guerre, vit l'émergence de divers courants ésotériques, affirmant qu'il y avait eu plus au IIIe Reich que ce qui avait été étudié par les historiens classiques.

Ces courants ésotériques sont surtout liés à Savitri Devi et Miguel Serrano, bien qu'il y ait aussi d'autres auteurs moins connus de la droite radicale et des mouvements néo-païens qui contribuèrent à ce que 'on pourrait appeler : « des développements quasi-religieux du nazisme ». Précisons toutefois que la plupart des néo-païens actuels ne sont pas des néo-nazis.

Savitri Devi, qui avait du sang français, grec et anglais, était née Maximiani Portasis. Elle étudia la chimie ainsi que la philosophie en France, où elle obtint son doctorat à Lyon. On peut la considérer à juste titre comme un penseur majeur de l'ésotérisme nazi, visant clairement à créer un mouvement religieux à partir du nazisme. Selon elle, la mort d'Hitler en 1945 peut être considérée comme un martyr ou bien comme un sacrifice de soi volontaire et christique. Quand les Russes pénétrèrent dans le bunker d'Hitler, il était, de fait, vide, donnant ainsi d'emblée naissance à toutes sortes de spéculations sur sa possible fuite, mais contribuant par là également à créer un mythe quasi-religieux : celui du tombeau vide.

Savitri Devi alias Maximiani Portasis

Savitri Devi écrit ainsi dans son livre Pèlerinage : « … le national-socialisme est infiniment plus qu'une simple croyance politique ; c'est en fait une façon de vivre, une foi dans la plus vaste acception de ce mot ; on pourrait dire une religion, quoique différent il puisse apparaître à première vue de tout système existant se référant à cette notion. Les religions ne sont pas aussi faciles à déraciner que de simples croyances politiques. »

Savitri Devi, qui se battait pour l'indépendance indienne de la domination anglaise, fusionna en quelque sorte son ésotérisme avec l'hindouisme, considérant Hitler comme Kalki, le dixième et dernier avatar de Vishnou. Pour elle, il était sans aucun doute « l'homme divin de nos temps ; l'Homme contre le Temps ; le plus grand Européen de tous les temps.»

La mort d'Hitler, sous cet angle, pouvait être vue comme le début d'une nouvelle religion, visant à une résurrection spirituelle et physique des Aryens, afin de régner à nouveau sur le monde comme le Peuple Elu.

Miguel Serrano est le prochain personnage, qui contribua à cette tendance du nazisme après 1945. Il était diplomate chilien et il eut donc l'occasion, à de nombreuses reprises durant sa carrière, de rencontrer des gens comme Léon Degrelle, Otto Skorzeny, Hans-Ulrich Rudel, Marc Augier (*alias* « Saint-Loup »), Julius Evola, Wilhelm Landig, Herman Hesse et Carl Jung.

Lorsqu'il était plus jeune en 1941, Miguel Serrano fut initié à un ordre ésotérique à Santiago du Chili, pratiquant la magie rituelle liée aux Saint Maîtres qui habitaient quelque part au Tibet. Ils étaient des admirateurs d'Hitler, qu'il considérait comme un Bodhisattva qui s'était incarné sur Terre afin de contrer les effets maléfiques de l'âge du Kali Yuga.

Les théories de Serrano posent fondamentalement que notre monde matériel est dominé par le Démiurge (Jéhovah), qui peupla la planète d'êtres primitifs condamnés à être éternellement réincarnés, toujours au même niveau inférieur d'existence. Cette vue purement gnostique et manichéenne admet bien sûr sa contrepartie de dieux bons (les Hyperboréens d'origine extra-terrestre), qui tentèrent de leur mieux pour élever la conscience et le niveau moral des pauvres créatures humanoïdes du Démiurge.

A l'instar de la théorie des astronautes anciens, il déplorait que les Nephilim (Anges déchus), ou des renégats hyperboréens, aient pris avantage de leurs relations avec les créatures humaines du Démiurge afin d'avoir avec elles des relations sexuelles. Ce métissage diluait leur sang porteur de lumière, provenant du Soleil Noir, et leur divine énergie appelée Vril. Au grand plaisir du Démiurge, c'est-à-dire Jéhovah, la déité tribale des Juifs, cela contribuait à une conscience déclinante du divin sur cette planète, la rendant ainsi plus facile à être contrôlée par lui.

Miguel Serrano, diplomate en Inde en 1957

Serrano affirme donc « qu'il n'y a rien de plus mystérieux que le sang. Paracelse le considérait comme une condensation de lumière. Je crois que le sang aryen et hyperboréen, c'est cela même, mais pas la lumière du soleil d'or, pas d'un soleil galactique, mais plutôt la lumière du Soleil Noir, du Rayon Vert. » *(Voir chapitre sur le Vril pour des explications sur la couleur verte).*

Dans ce contexte, Hitler était vu comme un émissaire des Dieux Supérieurs, qui disparut dans son bunker en 1945, mais qui attend quelque part en Antarctique, afin d'émerger à nouveau dans le futur à la tête d'une flotte d'OVNI propulsés au Vril, pour battre les Forces des Ténèbres (c.-à-d. les Juifs) et fonder un IVe Reich.

Le Soleil Noir

L'histoire des religions, de l'ésotérisme et des pseudosciences ne propose pas un, mais plusieurs aspects du Soleil Noir. Au-delà de ces différences, il s'agit de savoir si l'on a affaire à différentes facettes d'un même thème, et le cas échéant, si elles peuvent être synthétisées en une seule, ou bien si le Soleil Noir n'est qu'un nom générique désignant des phénomènes sans rapport les uns avec les autres. De nos jours, le Soleil Noir ne se réfère presque exclusivement qu'à un symbole néo-nazi qui peut être trouvé incrusté dans le sol de marbre du château du Wewelsburg en Allemagne.

Les Egyptiens – L'alchimie, comme la franc maçonnerie, plongent ses racines dans la mythologie égyptienne. Le cycle solaire est probablement à l'origine d'un des plus anciens mythes qui inspira les anciens Egyptiens et l'humanité, ainsi qu'on peut le constater dans la dualité Râ/Osiris. Râ meurt après douze heures de règne et ressuscite en tant qu'Osiris pendant les douze prochaines heures, après quoi ce dernier meurt à son tour pour renaître comme Râ. Osiris représente le Soleil Noir, et ce cycle naturel suit le rythme de notre physiologie biologique quotidienne, tout autant que nos âmes qui se réincarnent d'un corps à l'autre.

La mythologie mésoaméricaine – Les mythes mésoaméricains sont partagés, entre autres, par les Aztèques, les Mayas, les Mexicas et les Toltèques. Un des dieux les plus proéminents parmi ces peuples est Quetzalcóatl, littéralement « le serpent à plume », qui incarne une des nombreuses croyances au Soleil Noir en Amérique centrale. Après son passage resplendissant à travers le ciel durant la journée, il plonge dans le Monde souterrain paré d'une aura assombrie.

Les Aztèques comparaient le passage du soleil dans le monde souterrain à un papillon, qui est un archétype de la transformation et de la réincarnation. Le seul événement qui voyait le Soleil Noir apparaître en pleine journée était l'éclipse solaire. Il était alors identifié à la déesse Itzpapalotl, aussi appelée « le Papillon d'Obsidienne » (L'obsidienne est une roche volcanique très sombre), qui dévorait les hommes durant cet événement cosmique exceptionnel.

Alors que les Aztèques croyaient à cinq mondes successifs correspondant à cinq soleils, le cinquième étant le nôtre, les Mexicas considéraient pour leur part le Soleil Noir comme un antique soleil qui était l'origine féminine de toute chose. Il était considéré comme un symbole de fertilité provenant du ventre de la mort, c.-à-d. une métempsycose ou principe de réincarnation.

Le Sol Niger alchimique – L'alchimie, l'hermétisme et la gnose nous enseignent l'existence de deux principes manichéens opposés, correspondant, dans notre cas, à deux soleils : un soleil matériel apparent (ou « Or matériel ») et un soleil caché (ou « Or philosophique »). Le soleil matériel de notre système planétaire, qui se consume par une simple fusion nucléaire basée sur l'hydrogène, peut ainsi être considéré comme le « Soleil Sombre », mais encore « Soleil Noir ».

Le principe alchimique *stricto sensu* de Sol Niger (littéralement : « Soleil Noir » en latin) fait référence à la première étape du *Magnum Opus* (Le Grand Œuvre alchimique au terme duquel on parvient à produire de l'or), que l'on appelle aussi *Nigredo* ou « œuvre au noir ».

Considéré d'un point de vue *opératif*, le *Magnum Opus* ressemble grandement au principe de fusion nucléaire, mais il ne faut pas pour autant négliger l'aspect *spéculatif* ou mystique de ce processus alchimique, qui pourrait également faire référence à une transformation spirituelle interne, rendue populaire, entre autres, par Paulo Coelho et son livre *L'Alchimiste*.

Les mythes égyptiens et mésoaméricains portant sur le Soleil Noir se réfèrent également à la Mort, à la renaissance et à la fécondité, bien qu'historiquement et géographiquement sans aucun lien, et au final supposent un concept alchimique intermédiaire appelé *Putrefactio* (Putréfaction en latin).

Un Soleil Noir peut être vu dans le manuscrit *Splendor Solis* (« La Splendeur du Soleil »), probablement réalisé en 1532/1535 par Salomon Trismosin, le père spirituel de Paracelse. Ce soleil n'est que partiellement visible, pourrait tout à la fois se lever ou se coucher, dans un paysage désolé et sec, d'arbres sans feuille, quoique des rayons lumineux de couleur or peuvent être aperçus en sortant faiblement. Ce Soleil Noir représente le stade de la putréfaction en alchimie. Le texte accompagnant rappelle que la dissolution est nécessaire en alchimie afin d'obtenir la matière noire ainsi que la produit la phase du Nigredo.

Salomon Trismosin - Splendor Solis
1532-1535 au Staatliche Museen de Berlin

La putréfaction ou la mort sont nécessaires pour laisser le passage à la renaissance et à la vie, alors que l'inconscient se réconcilie ainsi avec le conscient. Le point culminant de cette réconciliation culmine avec la fabrication de la Pierre Philosophale, où la Putréfaction et le Nigredo constituent la première partie du processus. C'est la phase où le pur doit être séparé de l'impur, ou comme le dit Carl Gustav Jung dans le domaine de la psychanalyse : intégrer son Ombre à soi, c.-à-d. la Partie Sombre qui est en chacun de nous.

Certains alchimistes voient tout ceci comme l'association entre la femme/lune et l'homme/soleil en un Soleil Noir, ou mariage mystique.

La Némésis théosophique – Dans *La doctrine secrète* (1888), Hélena Blavatsky, fondatrice de la théosophie, fait mention d'un soleil central invisible dans la Voie Lactée. Il agirait comme un centre d'attraction sur notre soleil, et comme une source d'énergie pour notre univers. Son énergie était considérée comme « une lumière créatrice », bien qu'invisible et que les Juifs de la kabbale appelaient « la Lumière Noire ».

Il est intéressant de noter que ceci correspond exactement à la théorie astronomique toute récente de l'existence de *Némésis*, qui serait une hypothétique étoile naine brune difficile à détecter. Cette hypothèse fut émise en 1984 par les paléontologistes David Raup et Jack Sepkoski, qui affirmèrent qu'ils avaient identifié une périodicité statistique dans les rythme d'extinction sur les derniers 250 millions d'années, ce qui pourrait être expliqué par le passage régulier de *Némésis*.

La roue solaire du Wewelsburg

Le château du Wewelsburg a été construit en 1603 en Rhénanie-du-Nord-Westphalie en Allemagne. En 1934, un an après la prise de pouvoir par les nazis, le Reichsführer Heinrich Himmler loua le château pour un bail emphytéotique de 100 ans octroyé par le district de Paderborn, afin d'y construire un centre idéologique pour l'Ordre Noir de la SS.

Le château devint presque un lieu religieux où l'ésotérisme, les runes, les légendes païennes et les théories raciales étaient étudiées par une poignée de hauts gradés de la SS, c.-à-d. une élite dans l'élite. Himmler adapta la légende du Roi Arthur et de ses Chevaliers à une nouvelle mythologie du Graal, basée sur le paganisme germanique.

Au centre du sol de marbre de la *Gruppenführersaal* (Salle des généraux) au premier étage, gisait encastré un *Sonnenrad* (Roue solaire en allemand) vert foncé. L'axe du Sonnenrad était fait d'un disque d'or pur, censé devenir le centre de tout « l'empire mondial germanique » à partir de 1941. Son aspect est celui des premières broches germaniques médiévales (*Zierscheiben*), probablement portées sur les ceintures des femmes franques et alémaniques. Sa forme générale, porte une signification solaire, semblable à un disque décoratif d'où s'échappent douze piques.

Le Soleil Noir de la salle des Gruppenführer au Wewelsburg se trouve juste au-dessus du swastika du plafond de la crypte en-dessous

Ces broches, pareilles également à celles des Mérovingiens, semblent représenter le passage du soleil visible à travers les mois de l'année. Leur dessin général rappelle aussi la table ronde du Roi Arthur, où chaque pique de la roue solaire pourrait être un chevalier, ou bien un officier du « cercle intérieur de la SS ».

Il est très probable que ce symbole fut incrusté dans le sol durant le IIIe Reich mais c'est seulement après la seconde guerre mondiale qu'on l'appela *Die Schwarze Sonne* (Le Soleil Noir en allemand),

Gros plan du désormais célèbre symbole du Soleil Noir

bien qu'il n'y ait aucune preuve que les SS de Himmler lièrent ce symbole à celui du Soleil Noir. La véritable association entre les deux semble plutôt relever d'une interprétation de l'après-guerre qui a toujours cours dans les milieux néo-nazis et certaines sectes odinistes.

D'après Jean-Michel Angebert (*Les mystiques du soleil* - 1971), le swastika est en fait le Soleil Noir, c.-à-d. un principe d'énergie cachée dans un monde multidimensionnel au-delà du monde visible. C'est assez proche de la philosophie de Jamblique fondée sur la gnose. Sans aller aussi loin, la roue solaire avait peut-être un rapport avec le mysticisme solaire germanique, propagé par les SS. Le soleil était interprété comme « l'expression la plus forte et la plus visible de Dieu ».

Nous trouvons ici à nouveau l'opposition traditionnelle des concepts des objets physiques et de leur expression spirituelle : le symbole de marbre du Soleil Noir du Wewelsburg contre la lumière intérieure d'un univers mystique et son énergie créatrice. De la même manière, la coupe du Graal peut être opposée aux propriétés alchimiques que contient son breuvage, c.-à-d. l'immortalité spirituelle. Nous pouvons pousser la comparaison plus avant encore avec le *Sol Invictus* («Le Soleil invincible»), qui était le dieu solaire du bas empire romain et qui semble avoir inspiré le mysticisme solaire de Himmler.

Symbole du Soleil Noir stylisé

En 274 Av. JC l'empereur romain Aurélien rendit ce culte officiel aux côtés de ceux déjà existants. Mais tout comme la lumière intérieure du Soleil Noir, ou l'immortalité et/ou connaissance mystique cachée dans le Saint Graal, le Sol Invictus représentait un soleil spirituel, un concept métaphysique, accessible seulement aux initiés, et non pas un soleil physique visible des foules exotériques.

Toutes ces histoires ajoutèrent certainement encore plus au mythe du château de Wewelsburg comme centre ésotérique, dissimulant non seulement de rares objets historiques rapportés par l'Ahnenerbe (comme ce faux chaudron celtique d'or pur récemment retrouvé au fond du lac Chiemsee en Allemagne), mais aussi des secrets spirituels des plus profonds sur l'origine de la race nordique.

***Weisthor, le Raspoutine d'Himmler* -** Karl Maria Wiligut *alias* Weisthor, était le chef du département de préhistoire et d'histoire ancienne qui fut créé au sein du Bureau SS pour la race et le peuplement (RuSHA). C'est là qu'il développa les plans pour reconstruire le Wewelsburg en un centre pseudo-religieux pour l'élite de la SS.

Karl Maria Wiligut alias Weisthor

Durant les années 20, il conçut son propre alphabet runique basé en grande partie sur les significations du Futhark classique. Il écrivit au moyen de ses runes 38 vers appelés *Halgarita Sprüche*.

Il affirma les avoir mémorisés étant enfant sous l'impulsion de son père. Werner von Bülow et Emil Rüdiger de l'*Edda-Gesellschaft* (Société de l'Edda) pensent que certains vers sont connectés au Soleil Noir, notamment le vers numéro 27, qui ne serait autre qu'une « bénédiction solaire » vieille de 20.000 ans si l'on en croit Willigut :

> *Sunur Saga santur toe*
> *Syntir peri fuir Sprueh*
> *Wilugoti Haga tharn*
> *Halga fuir santur toe.*

On peut traduire ces vers, d'après Werner von Bülow (très) approximativement comme suit, tout en tenant compte du fait que cette langue n'existait probablement que dans la tête de Weisthor :

1ᵉʳ vers : La légende conte que deux soleils, équivalents dans les lois du changement, UR et SUN, pareils au sablier qui toujours se renverse, donne immanquablement la victoire à l'un ou à l'autre.

2ᵉ vers : Le sens de l'erreur divine – le changement – de chemin, l'incinération des tables dans la sphère de feu devint si évident dans le langage de feu de la Terre que je m'enfuis du paradis des genres humains.

3ᵉ vers : Les guides, suiveurs de Dieu, conduisent vers le Bien par leur respect de la ronde de l'univers, qui apparaissait clairement, mais qui se cache bientôt en excitant l'imagination de l'humanité.

4ᵉ vers : polaire dans la relation d'UR et de SUN au service de la victime dans son devenir et son passage, dans le feu saint de *Santur*, ainsi se projette en deux jets, mais retourne triomphalement à la bénédiction.

Ces vers confus et presque incompréhensibles sont censés souligner que *Santur* aurait été un soleil épuisé, complètement brûlé, et la source du pouvoir des Hyperboréens. Ceux-ci étaient prétendument les ancêtres des tribus germaniques habitant le Pôle Nord, lorsque son climat était doux et ses paysages encore verts. Hyperborée avait pour capitale Thulé et fut autrefois identifiée avec l'Islande. De surcroît, *Santur* orbiterait toujours dans le voisinage de notre planète, comme un Soleil Noir qui enverrait une énergie puissante et cachée. Ce dernier nous rappelle d'ailleurs l'hypothèse de *Némésis* et l'énergie qu'un Soleil Noir est supposé irradier.

Le Cercle de Vienne – Dans le 4e district de Wieden à Vienne, en Autriche, l'ex-Waffen SS Wilhelm Landig, fonda en 1950 un groupe appelé le Cercle de Vienne ou, d'après lui, le Groupe Landig. Le groupe se réunit la première fois dans l'appartement de Landig et tint des discussions sur les aspects ésotériques et *völkisch* (nationaliste et racialiste) du mysticisme. Ils avaient pour but de faire renaître et de promouvoir la mythologie d'Hyperborée qui était, comme nous l'avons vu, le foyer des ancêtres des Aryens en Arctique.

Selon Nicholas Goodrick-Clarke (*Soleil Noir, Cultes aryens, nazisme ésotérique et politiques de l'identité - 2002),* le Groupe Landig inventa le concept même de Soleil Noir qui fit florès dans les milieux néo-nazis durant les années 90. Ce fut au travers des propres romans de Wilhelm Landig que cette renaissance nazie fut rendue possible. Il écrivit notamment dans ce but la trilogie : *Combat pour Thulé, Les Rebelles de Thulé* et *Le Temps des loups.*

Wilhelm Landig

Erich Halik, un membre proéminent du Cercle de Vienne fut toutefois le premier à associer l'ésotérisme de l'élite interne de la SS au concept du Soleil Noir, mais *pas encore* au symbole incrusté sur le sol du château du Wewelsburg. Landig appelait le Soleil Noir « un substitut du swastika et une source mystique d'énergie, capable de régénérer la race aryenne ».

Le soleil visible ne serait que le simple symbole d'un anti-soleil invisible : « Tout ce qui peut être appréhendé par les sens humains est matériel, l'ombre de la lumière spirituelle invisible. Le feu matériel est vu sous cet angle, simplement l'ombre du feu spirituel. »

Landig fit revive de vieilles théories pseudo-scientifiques völkisch sur l'Atlantide, la Terre creuse de Hörbiger et le mysticisme aryen. Dans sa trilogie, il situe les forces positives aryennes du Soleil Noir dans l'Arctique, qui, selon lui, est représenté par un disque qui n'est pas noir mais d'un violet profond qui virera au blanc quand l'Allemagne gagnera enfin cette bataille titanique mondiale. Il est intéressant de noter que Landig affirme que le Soleil Noir se rapporte à la religion babylonienne, qui à son tour proviendrait de l'étoile d'Aldebaran, qui « brille en nous et nous donne le pouvoir de comprendre ». Pour Landig, le Soleil Noir est le symbole d'un ordre ésotérique au sein de la SS et « il brille au-dessus de la Montagne de Minuit d'une lumière invisible car il resplendit de l'intérieur ». La Montagne de Minuit semble être présente dans les mythes de nombreux peuples à travers le globe comme les Chinois ou les Indiens, ces derniers l'appelant le Mont Mérou.

De surcroît, Landig fit circuler des histoires sur des OVNI nazis assemblés dans une base souterraine en Antarctique *(voir l'expédition au Neuschwabenland),* de laquelle l'Amiral américain Byrd ne parvint pas à les extirper.

Le Soleil Noir de Tashi Lhunpo (Die schwarze Sonne von Tashi Lhunpo) est un thriller occulte nazi écrit en 1991 par Russel McCloud, un nom de plume pour Stephan Mögle-Stadel. Le livre relate les assassinats du président de la Banque Européenne et d'un membre dirigeant du Conseil de Sécurité des Nations Unies, tous deux liés par une marque au fer rouge sur le front des victimes en forme du symbole du Soleil Noir. C'est *la première fois* que le symbole de la roue solaire, telle qu'elle apparaît au château du Wewelsburg, est directement lié au mythe même du Soleil Noir. Si cela contredit le disque d'un violet profond de la trilogie de Landig, cela n'en évoque pas moins très explicitement une source créatrice d'énergie universelle, comportant un cercle noir et douze piques disposées radialement en forme de rune Sig. Le seul inconvénient est qu'il semble bien s'agir d'une fiction et que Stephan Mögle-Stadel n'est qu'un journaliste qui a pris plaisir à écrire un thriller.

Le milieu néo-nazi adopta néanmoins le Sonnenrad du Wewelsburg comme le seul et véritable symbole du Soleil Noir, et un substitut légal au swastika qui est pour sa part interdit dans de nombreux pays européens.

Encore plus de fantaisies nazies de l'après-guerre – Selon le Professeur Nicholas Goodrick-Clarke « Au début des années 90, les Autrichiens Norbert Jürgen Ratthofer et Ralf Ettl développèrent de nouveaux mythes d'OVNI nazis impliquant Babylone, l'énergie du Vril et des civilisations extra-terrestres du système solaire d'Aldebaran. Ces idées fantastiques font partie intégrante d'une religion Marcionite diffusée par Ralf Ettl au travers de sa *Tempelhofgesellschaft* (Société du Temple) à Vienne, présentée comme un successeur secret aux Templiers historiques, qui avaient fait leurs des idées gnostiques et hérétiques du Levant ».

Ratthofer et Ettl affirment dans leur DVD *UFO - Geheimnisse des Dritten Reichs* (1990) (OVNI – Les Secrets du IIIe Reich) « qu'à l'intérieur de la SS, le Société de Thulé avait créé une organisation séparée appelée le Soleil Noir, utilisant le *Secret du Soleil Noir* comme son insigne. »

Insigne du Soleil Noir

En 1997, Peter Moon publia *The Black Sun: Montauk's nazi-Tibetan Connection*, dans lequel il montre pour la première fois dans l'occultisme nazi une reproduction de *« l'Insigne du Soleil Noir »*. C'est prétendument le symbole de « la plus secrète des sociétés de l'Allemagne nazie : Le Soleil Noir »

En guise de conclusion, le Soleil Noir peut être appréhendé comme un mythe à plusieurs facettes, au passé ancien, bien qu'il ne soit nullement démontré que ses diverses phases historiques de développement se réfèrent toutes à un seul et même concept. Il est toutefois possible d'identifier de nombreux éléments communs à ces mythes, qui pourraient contribuer à dévoiler certaines parties d'une vérité unique et fort originale.

Le Soleil Noir semble être une contrepartie invisible de notre soleil visible, qui serait capable d'étendre son influence aux planètes, aux objets et aux êtres vivants. Il se cache des mortels, bien que restant synchronisé de près à leurs rythmes biologiques, mais il peut être vu des esprits d'outre-tombe. Sa signification alchimique et psychanalytique est celle d'une force spirituelle, capable de conduire une transformation interne très profonde avant une renaissance totale ou réincarnation.

Comme les Nazis recherchaient les secrets spirituels de la race nordique, ils purent considérer le Soleil Noir, au moins dans un cercle intérieur très restreint de la SS, comme une force universelle, partout présente, d'une énergie créatrice qui « brille de l'intérieur ». Certains s'aventurèrent à affirmer que cette force « permettrait aux âmes de faire l'expérience de plusieurs niveaux de réalité simultanément ».

Cette définition du Soleil Noir ressemble fort à celle de la force du Vril, pour laquelle la documentation est très rare et peu fiable pour la plupart. De même, il est dit que notre planète est creuse et illuminée par un Soleil Noir en son centre, dispensant une lumière d'un vert particulier.

Le Vril

Le Vril, tout comme la société secrète portant son nom, est désormais un sujet inévitable dans les méandres du soi-disant ésotérisme nazi. Comparé au Soleil Noir, l'existence même du Vril est très controversée et nous devrons parfois nous écarter des faits historiques vérifiables et entrer dans la zone grise entre mythe et réalité. Mais à quel point les mythes ne sont-ils pas réels ?

Au début était un roman de science-fiction - De nombreuses sectes débutèrent avec les paroles ou les visions d'un seul homme, alors que d'autres sont fondées sur un livre sacré ou même parfois un roman. C'est le cas de la scientologie, mais cela pourrait être également appliqué à de nombreuses autres religions à succès. Le Vril fut mentionné la première fois dans un livre intitulé *La race à venir*, écrit par Sir Edward Bulwer-Lytton en 1871. Bien que le terme de science-fiction n'existât pas à cette époque, il aurait pourtant très bien été adapté à cette œuvre ainsi qu'à celles de Jules Verne. Il écrivit aussi *Zanoni*, une œuvre de fiction ésotérique et les célèbres *Derniers jours de Pompéi*.

L'intrigue est centrée sur un voyageur qui perd son chemin dans une vieille mine en Grande Bretagne, et se trouve après maintes péripéties, l'hôte d'une race antédiluvienne souterraine appelée les Vril-ya. Ni dieux, ni anges, ils semblent toutefois très supérieurs aux êtres humains par leur taille, leur intelligence, leur froide sagesse et leurs pouvoirs surnaturels tels la télépathie. Ils exploitent un fluide pénétrant toute chose, appelé le Vril. En entraînant leur volonté, ils parviennent à maîtriser cette énergie universelle, invisible, créatrice, qui peut guérir, transformer ou détruire, en sus de servir de carburant pour les transports et d'éclairer leur monde souterrain. La lumière qui le baigne est d'ailleurs d'un vert clair luminescent.

Le héros et narrateur se voit enseigner la version la plus accessible à une intelligence humaine de l'histoire des Vril-ya par Zee, la fille de son hôte. Il apprend notamment que lorsque les grottes souterraines ne seront plus suffisantes pour le développement de leur population, les Vril-ya devront conquérir la surface de la terre, détruisant l'humanité si cela s'avère nécessaire. Le Vril est si puissant qu'un enfant Vril-ya pourrait réduire en cendres une ville de dizaines de millions d'habitants en quelques secondes seulement.

Notre narrateur étudie la langue Vril-ya et en conclut qu'ils « sont les descendants des mêmes ancêtres que la famille aryenne, de laquelle a découlé, en divers courants, la civilisation dominante du monde. »

Sir Edward Bulwer-Lytton

Sous plusieurs aspects les Vril-ya ont de nombreux points communs avec les Supérieurs Inconnus de Lovecraft : télépathie, maîtrise de forces inconnues et des ancêtres antédiluviens.

Le Soleil Noir et l'alchimie - On doit toujours être prudent avec ce qui se réfère à l'ésotérisme, dès lors qu'un faux mythe en renforce un autre, surtout sur Internet. Néanmoins, il existe une croyance selon laquelle Bulwer-Lytton basa ses romans populaires sur des mythes et des archétypes beaucoup plus anciens, très en vogue parmi les alchimistes du Moyen Age. La force à la base du Vril était en effet déjà connue depuis l'antiquité sous les noms de Prana, Chi, Ojas, Lumière Astrale, Force odique et Orgone. Certains défenseurs de la théorie de la Terre creuse affirmèrent même, plus récemment, que le Vril provenait de la force cachée du Soleil Noir qui ne serait rien d'autre qu'une *Prima Materia* (Matière primordiale en latin), se situant au centre de notre planète.

Vert est le symbole du Vril - La lumière qui irradie le monde souterrain des Vril-ya rappelle les nombreuses autres occurrences où apparaît cette couleur : le conte de Goethe *Le serpent vert* ; le Saint Graal qui aurait pu être une émeraude tombée du front de Lucifer (en latin : « Le Porteur de Lumière ») ; le Groenland (littéralement en vieux norrois : le pays vert), nommé ainsi au Xe siècle par Eric le Rouge, en souvenir de la Terre Primordiale, bien qu'alors 60% de l'île étaient déjà recouverts de glace ; Osiris était vu par certains égyptologues comme un dieu irradiant une lumière verte ; Le Grand Prêtre mésoaméricain de Quetzalcóatl tirait sa puissance d'une énorme émeraude magique alors que le Dieu lui-même était vert. La célèbre Table d'Emeraude (*tabula smaragdina* en latin) de la Tradition hermétique des alchimistes possédait bien entendu la couleur de cette pierre précieuse. Enfin, certains ont dit que des pierres lunaires vertes posséderaient un pouvoir de « lévitation » permettant aux sorcières des anciennes légendes écossaises de voler dans les airs ou, dissimulées sous des cathédrales allemandes, elles auraient empêché des bombes alliées d'y tomber durant la seconde guerre mondiale.

Attardons-nous sur l'Ordre du Dragon Vert et des Moines aux Gants Verts.

L'Ordre du Dragon Vert était une société secrète, politico-mystique japonaise, visant à la maîtrise du corps humain, qui, à son tour, permettait d'atteindre un « grand pouvoir ». Les hauts initiés devaient être en mesure de faire germiner une graine par télékinésie.

Alors qu'il était Attaché militaire à Tokyo avant la première guerre mondiale, Karl Haushofer aurait été l'un des trois seuls occidentaux membres de l'ordre. Haushofer était un des fondateurs de la géopolitique (La théorie de l'espace vital ou *Lebensraum* en allemand), mais aussi un membre de la Société du Vril. Il ne fut toutefois jamais membre du parti national-socialiste, étant d'ailleurs marié à une juive en dépit de nombreuses assertions contraires dans la littérature ésotérique néo-nazie.

Quetzalcóatl

La Société du Vril prétend avoir envoyé des expéditions au Tibet avant la seconde guerre mondiale et même jusqu'en 1942, afin de rencontrer les moines Bon Pö d'Agartha. Dans les années 20, des moines tibétains formèrent à Berlin et à Munich la Société des Hommes Verts. Leur Grand Prêtre était un homme appelé le Moine aux gants Verts. Hitler lui aurait rendu visite en raison de ses dons de clairvoyance.

La Société des Hommes Verts, aidée par l'Ordre du Dragon Vert aurait prétendument aidé les nazis à transformer les Aryens en hommes-dieux. Pauwels et Bergier, dans *Le matin des magiciens*, source très peu fiable mais malheureusement la seule qui aborde ce sujet, racontent que durant la chute de Berlin en 1945, les Russes trouvèrent de nombreux cadavres d'Asiatiques en uniformes allemands sans aucun insigne et qui avaient apparemment commis un suicide collectif de type rituel.

Selon la même source, Haushofer se serait suicidé en commettant le *seppuku* (communément appelé hara-kiri). Cette information est toutefois erronée car l'historien H. A. Jacobsen a prouvé que tout ce qui avait été écrit au sujet de Haushofer, dans le fameux *Matin des magiciens,* était historiquement inexact, voire complètement fantaisiste ; de même son appartenance aux Sociétés de Thulé et du Vril n'est que pure fiction.

La Société du Vril - Louis Jacolliot (1837–1890) était consul français à Calcutta en Inde, lorsqu'il écrivit *Les fils de Dieu* (1873) et *Les Traditions indo-européennes* (1876). Ces deux livres insistèrent sur l'existence du Vril qui apparut un peu plus tôt dans le roman de Bulwer-Lytton *La race à venir* (1871). Jacolliot aurait rencontré le Vril parmi les Jaïns à Mysore et Gujarat dans la région où il résidait comme diplomate et juge.

Madame Helena Blavatsky, fondatrice de la théosophie, fut aussi impressionnée par le livre de Bulwer-Lytton. Elle y trouva une confirmation de l'aspect racial de ses théories, s'agissant notamment des origines de l'humanité, sur lesquelles elle écrivit dans ses livres *Isis dévoilée* (1877) et dans *La doctrine secrète* (1888). La supériorité physique et spirituelle de la race blanche fut intégrée plus tard à l'antisémitisme ainsi qu'aux premières études sur les peuples indoeuropéens, effectuées par des nationalistes allemands, ce qui donna naissance à l'aryosophie (Aryen + théosophie). Ce rapprochement de théories différentes fut surtout l'œuvre de Guido von List et de Jörg Lanz von Liebenfels.

Louis Jacolliot et Madame Blavatsky soutinrent si bien le mythe du Vril de Bulwer-Lytton que nombre de leurs contemporains crurent réellement en l'existence de cette force verte.

Selon Joscelyn Godwin (*Arktos le mythe du pôle dans les sciences, le symbolisme et l'idéologie nazie*), la seule source primaire d'information sur la Société du Vril est cependant Willy Ley.

Willy Ley était un ingénieur aéronautique allemand spécialisé dans les fusées, qui fuit l'Allemagne nazie en 1933. En 1947, il publia un article intitulé « Pseudoscience en pays nazi» (*Pseudoscience in Naziland*) dans le magazine *Astounding Science-Fiction*. Il y expliqua que les nazis obtinrent de nombreux succès techniques parce qu'ils essayaient systématiquement toutes les options possibles dans tous les champs scientifiques et même au-delà.

(De gauche à droite) Heinz Haber, Wernher von Braun, Willy Ley

Ceci incluait les pseudosciences de la Terre creuse, la *Welteislehre* (Théorie de la glace éternelle) et même la magie à la marge. Parmi ces théories bizarres, il exista vraiment d'après Ley, un groupe qui s'intéressait au Vril, quoique non parrainé par le régime nazi :

« Le groupe suivant était littéralement fondé sur un roman. Ce groupe, qui je crois s'appelait lui-même *Wahrheitsgesellschaft* (Société pour la Vérité) était plus ou moins situé à Berlin, et dévouait son temps à rechercher le Vril. Oui ! Leurs convictions étaient fondées sur *La race à venir* de Bulwer-Lytton. Ils savaient que le livre était une fiction ; Bulwer-Lytton aurait recouru à ce subterfuge afin de pouvoir dire la vérité sur cette « puissance ». L'humanité souterraine était une absurdité et il n'y avait pas de Vril. On affirmait pourtant qu'il avait probablement aidé les Britanniques, qui le gardaient comme un secret d'État, à amasser leur empire colonial. Certainement les Romains le possédaient également, enfermé dans de petites boules de métal, qui gardaient leurs maisons et qu'on appelait des *Lares*. Pour des raisons que je ne parviens pas à pénétrer, le secret du Vril pouvait être trouvé en contemplant la structure d'une pomme, coupée en deux.

Non, je ne blague pas, c'est ce que l'on me dit avec une très grande solennité et en grand secret. Un tel groupe exista et ils publièrent même la première édition d'un magazine proclamant leur credo (Je regrette de ne pas en avoir gardé un exemplaire, mais je devais déjà passer en contrebande tellement de livres). »

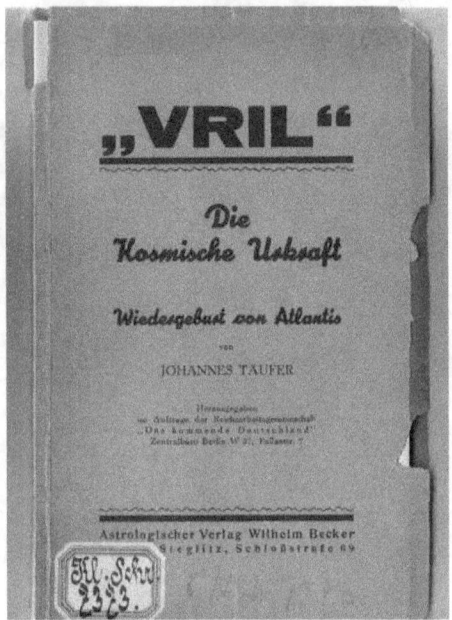

Vril: la force cosmique primordiale

Le professeur Nicholas Goodrick-Clarke (*Soleil Noir, Cultes aryens, nazisme ésotérique et politiques de l'identité - 2002*) fait état d'une histoire différente et plus plausible basée sur les découvertes du Docteur Peter Bahn dans son essai de 1996 *Das Geheimnis der Vril-Energie* (Le secret de l'énergie du Vril) : « La réalité de la Société du Vril était beaucoup moins impressionnante qu'elle n'y paraissait. Son nom officiel, un peu rébarbatif, était *Reichsarbeitsgemeinschaft 'Das Kommende Deutschland'*

(Communauté de travail du Reich 'L'Allemagne à venir'), une des centaines de petites sociétés occultes de l'Allemagne de Weimar ; elle était parrainée par l'éditeur astrologique Wilhelm Becker. La communauté publia un magazine, qui apparemment mit la clef sous la porte après un seul numéro.

En 1930, elle publia également deux pamphlets, *Vril: Die kosmische Urkraft* (Vril: La force cosmique primordiale) et *Weltdynamismus* (Le dynamisme du monde), prétendant chacun révéler les secrets de la technologie atlante d'une énergie libre. Un chapitre de ce dernier pamphlet montre une pomme coupée en deux comme un symbole du champ d'énergie libre entourant la Terre. Alors que cela confirme bien les dires de Ley, cela ne supporte en rien les affirmations extravagantes concernant les activités et l'influence de la Société du Vril formulées par des auteurs postérieurs.»

Enfin, et ce n'est pas la moindre des bizarreries à ce sujet, certains ont été jusqu'à proclamer que les nazis voulaient changer les Allemands nordiques en une super-race, afin d'être les égaux des êtres supérieurs qui peuplaient l'intérieur de la Terre. Ils auraient tenté différentes méthodes de méditation pour obtenir cette métamorphose. Ces méthodes étaient prétendument basées sur le bouddhisme tantrique, le shamanisme « noir » pré-bouddhiste des Bon Pö et les *Exercices spirituels* d'Ignace de Loyola.

L'existence d'une Société du Vril fut mentionnée pour la première fois en 1960 par Pauwels et Bergier dans leur best-seller *Le matin des magiciens*. Elle ressemblait aux autres sociétés secrètes qui prétendaient avoir existé à cette époque, comme la Société de Thulé et la Golden Dawn, sauf que ces deux dernières ont bien existé et cela est documenté. Ils citèrent un extrait de « Pseudoscience en pays nazi» où le docteur Willy Ley décrivait cette étrange société, mais la lièrent au suicide rituel des moines tibétains dans les derniers jours de Berlin. S'agissant de ces derniers, il est plus que probable qu'ils n'étaient que des Asiatiques « libérés » des républiques soviétiques, enrôlés ensuite par les nazis dans leur croisade contre le communisme. Il y eut aussi des cas bien connus similaires d'Indiens, servant sous l'uniforme allemand dans les blockhaus du Mur de l'Atlantique en France.

Les mythes de Van Helsing des années 90 - Avec l'auteur allemand Jan van Helsing alias Jan Udo Holey, le mythe du Vril atteint son paroxysme, mais certainement pas la vérité historique. Van Helsing a écrit sur l'existence de bases secrètes d'OVNI nazis en Antarctique, comme l'aboutissement d'une longue activité souterraine qui aurait débuté dans les années 20 au sein de sociétés secrètes.

Maria Orsitsch (*Marija Oršić* en croate) était soi-disant une puissante médium et membre de la Société du Vril. Son père était un immigré croate de Zagreb et sa mère autrichienne.

Elle aurait rencontré en 1917 Karl Haushofer, le Baron Rudolf von Sebottendorf (Société de Thulé), le prélat Gernot de la très secrète *Societas Templi Marcioni* (Les héritiers des Chevaliers du Temple) au café Schopenhauer à Vienne. Ils auraient tous été de fervents admirateurs de l'Hermetic Order of the Golden Dawn, mais aussi des disciples de loges asiatiques secrètes, d'où la présence de moines tibétains à Berlin et à Munich. Comme nous l'avons déjà vu, cela est de la pure fantaisie, au moins en ce qui concerne Karl Haushofer.

Ils étudiaient des textes secrets des Templiers et étaient liés à la fraternité secrète *Die Herren vom schwarzen Stein* (Les Seigneurs de la Pierre Noire), dont l'existence n'est mentionnée nulle part ailleurs.

Maria aurait fait la connaissance à Munich des membres de la Société de Thulé, puis aurait commencé son propre groupe de médiums féminins appelé tout d'abord *Alldeutsche Gesellschaft für Metaphysik*. Elles possédaient toutes de longues queues de cheval dont elles pensaient que les longs cheveux agissaient comme des antennes cosmiques afin de recevoir des communications extra-terrestres.

En 1919, quelques membres de toutes ces sociétés secrètes se seraient rencontrés dans un petit chalet alpin près de Berchtesgaden. Là, Maria Oršić et une autre médium du nom de Sigrun, affirmèrent avoir reçu des transmissions télépathiques de l'étoile d'Aldebaran dans une écriture templière secrète, contenant les plans techniques pour la construction de machines volantes fonctionnant grâce au Vril. La langue utilisée pour coder le message n'aurait été rien de moins exotique que l'ancien sumérien, « qui avait des sonorités comme l'allemand » *(sic)*.

Suit une série de divers OVNI Vril (Vril-7, Haunebu I, II etc.) et le projet d'atteindre un jour Aldebaran au moyen d'un de ces engins. Bien entendu, un tunnel multidimensionnel, indépendant des équations de la relativité d'Einstein, les aurait très certainement conduits à l'étoile de leur rêve !

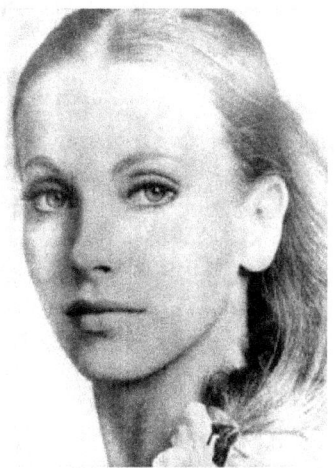

Maria Orsitsch alias Marija Oršić

Maria Oršić disparut en 1945, laissant derrière elle une lettre à tous les membres de sa loge, où elle écrivit "Niemand bleibt hier" (Personne ne reste ici). Certains ont spéculé qu'ils s'enfuirent vers Aldebaran, sinon au moins en Antarctique nazie, qui est, il est vrai, un peu moins loin !

On peut affirmer que le Vril est au bas mot un sujet de controverse. Il est cependant inutile de le ridiculiser en inventant des histoires à dormir debout, sans fondements, ni références ou sources historiques pour les soutenir. Les amoureux de la vérité respectent les travaux de recherche sérieux et rejettent les perroquets qui ne font que renvoyer l'écho de rumeurs et de légendes urbaines. Tout mythe cache une vérité, parfois latente, et mérite d'être traité sérieusement et avec respect.

Le Vril est probablement un mot qui fut inventé par Bulwer-Lytton dans son roman dès lors que c'est la toute première fois qu'il est historiquement répertorié. Toutefois, le concept d'une force créatrice universelle cachée qui peut être exploitée et maîtrisée n'est pas nouveau. Il a des prédécesseurs dans les religions, la philosophie, l'occultisme et pourrait probablement être interprété plus scientifiquement à la lumière de la physique quantique.

La Société du Vril n'était probablement que le groupe qui s'appelait *Reichsarbeitsgemeinschaft*, *'Das Kommende Deutschland'*. Il chercha certainement avec bonne foi le Vril et sa maîtrise. Il n'a toutefois aucun lien établi avec la Société de Thulé qui, basée sur des preuves certaines, exista vraiment mais avait déjà disparu lorsque naquit la soi-disant Société du Vril. Karl Haushofer n'était pas un membre de la Société de Thulé, pas plus que Rudolf Hess, et ils ne parvinrent probablement jamais à attirer l'attention des dignitaires nazis. Il est vrai, cependant, que la Société de Thulé fut profondément impliquée dans la lutte contre l'éphémère république soviétique de Bavière après la première guerre mondiale.

D'autre part, la légende de Maria Oršić n'est basée sur rien de tangible et même son certificat de naissance n'a pu être retrouvé. Bien entendu, certains argueront que ses amis d'Aldebaran l'emportèrent avec eux ou bien, comme on peut le lire dans des livres prétendant détenir la vérité, que les membres de la Société du Vril effacèrent toutes leurs traces derrière eux pour « des raisons évidentes de sécurité ».

EPILOGUE

On peut se demander pourquoi des livres, des films et même des jeux vidéo sur la deuxième guerre mondiale rencontrent toujours autant de succès, surtout lorsqu'ils abordent le nazisme et son côté maléfique. Serait-ce parce que la seconde guerre mondiale est le dernier événement historique de proportion globale et que nous vivions désormais après la Fin de l'Histoire, dans un monde post-moderne contrôlé par l'Empire du Bien ? Le Mal, la contradiction, les affrontements, les idéologies n'étaient nécessaires que lorsque les fondements même de notre civilisation étaient en jeu. Ce n'est plus le cas depuis 1945. Partout dans le monde nous voyons des gens n'aspirant qu'à obtenir le même niveau de confort, basé sur les mêmes valeurs individualistes morales et économiques. « Le Mal », ou du moins son archétype, n'est plus une véritable menace, alors qu'on exige plus que jamais de nous tous de croire dans la réalité de son existence présente.

Dans cette perspective, le nazisme occulte est le résidu du mal du Mal et Hitler incarne Lucifer. L'homme post-moderne exige l'excitation de l'histoire passée mais dans sa version aseptisée, sans risque réel et sans douleur. Il veut être un « rebelle », un « otage » d'une quelconque organisation de « méchants », mais à condition d'être soutenu par la loi, l'Etat, les gentilles ONG et toutes les nouvelles institutions morales planétaires. *Un rebelle sans cause*[*], se battant contre des fantômes depuis longtemps disparus. En d'autres mots, l'homme moderne veut être unique (« Je suis moi et j'en suis fier »), alors que ses milliards de clones jouent de même au héros rebelle solitaire, ne mettant jamais leur vie en danger comme ils prétendent pourtant le faire en toute occasion devant les medias.

L'attirance du nazisme ésotérique vient de ces sentiments mêlés, car aucun autre événement plus important que la seconde guerre mondiale n'a jamais « eu lieu » dans notre monde post-historique. La plupart des guerres mineures ou périphériques qui éclatèrent ensuite, comme celle du Vietnam, ont certes fait des morts, mais elles n'avaient pas pour vocation à changer radicalement le monde. Leur but était avant tout de tracer une ligne rouge entre l'Ouest et l'empire communiste, afin que l'on comprenne bien que c'était là une limite à ne pas franchir dans l'intérêt bien compris des deux parties. Il s'agissait plus d'une querelle de voisinage. Ni plus, ni moins.

Plus le Mal s'évanouit, plus nous nous sentons désabusés dans la vie car il était d'une certaine manière le carburant même de l'histoire, cet « Autre » dialectique et nécessaire que l'on pouvait combattre, donc exister. L'homme moderne a remplacé le Mal par des « leurres d'ennemis » et de faux événements, comme la comparaison de Saddam Hussein avec Hitler et son cortège de preuves irréfutables d'armes de destruction massive. Nous aimons avoir peur, sachant qu'un Happy End nous attend au dernier tournant.

C'est la raison pour laquelle l'occultisme nazi devint un mythe après-guerre. Tous les ingrédients y sont présents : de vrais méchants hollywoodiens (pensez au retors et omniprésent Général SS Hans Kammler), des sorcières au bûcher, un peu de magie païenne, des tonnes de véritables secrets historiques et un combat titanesque entre idéologies irréconciliables dans un environnement où l'Histoire est encore vivante.

Ceci étant dit, de nombreux auteurs peu scrupuleux ne s'y sont pas trompés et ont repéré là un créneau juteux dans ce marché du New Age nazi : ils ont commencé en conséquence à écrire tout et n'importe quoi ou, ce qui est bien plus malhonnête, ils ont inventé de toutes pièces des histoires qui finirent par donner naissance à des légendes urbaines et de nouveaux mythes sur Internet. Se répandant comme les rumeurs, chaque mythe s'appuya sur le précédent, tout en y ajoutant sa petite part d'éléments fantastiques. Certains sont des farces grossières, d'autres des arnaques commerciales, mais presque aucun d'eux n'est basé sur des faits vérifiables.

D'un strict point de vue historique, il exista pourtant un véritable ésotérisme nazi, quoique réservé à une « élite », ainsi que de nombreux faits étranges, inconnus du grand public, mais liés indiscutablement au IIIe Reich. Nous les avons abordés dans ce livre car ils portaient en eux une signification assez dérangeante, sans qu'il soit utile de les dénaturer dans des ouvrages jouant sur l'horreur gratuite ou le fantastique macabre.

Ces faits sont un témoignage de temps peu ordinaires. Ils sont, comme le nazisme, une brèche dans la trame de l'Histoire, qui laissa ses contemporains dans l'effroi.

---

* *Rebel Without a Cause* est le titre original de la *Fureur de vivre* avec James Dean (1955)

ICONOGRAPHIE

page	Attribution	Licence
13	Bundesarchiv, Bild 183-1997-0923-500/ Hubmann, Hanns	CCBY-SA3.0DE
14	Africain servant dans la Freies Arabien Legion	PD
15	Bundesarchiv, Bild 183-J16695/ Werner	CCBY-SA3.0DE
16	Bundesarchiv, Bild 146-1973-010-11/o.Ang.	CCBY-SA3.0DE
18	Auteur: Blueangel	PD
21	Auteur: Xufanc	PD
24	Auteur: Honza Groh	PD
25	L'usine de Mittelwerk	PD
26	Auteur: Przykuta	CCBY-SA3.0
28	Auteur: Agatstone	CCBY-SA3.0
29	Archiv der Gedenkstätte Buchenwald	FU/UN
31	Silbervogel: maquette pour la soufflerie, 1935	PD
32	Auteur: marin britannique inconnu	PD
33	Panzer VIII Maus avec équipage	PD
33	Junkers Ju 390 et ses six moteurs.	FU/UN
34	Bild 101I-596-0367-05A/Menzendorf	CCBY-SA3.0DE
34	Auteur: Nick-D	CCBY-SA3.0
35	Auteur: AElfwine	CCBY-SA3.0
35	Horton Ho 229	PD
36	Hélicoptère allemand Fl 282 Kolibri	PD
36	Fieseler Fi 103R, nom de code Reichenberg	PD
37	Messerschmitt Me 163	PD
37	Me 262A au National Museum à Dayton	PD
38	Le canon sur rails Dora	PD
38	StG 44	PD
39	Bundesarchiv, Bild 146-1979-118-55/Inconnu	CCBY-SA3.0DE
43	Auteur: Max Fyfield	FU/UN

45	Hanns Hörbiger	PD
46	Collection Peter Kiehlmann	FU/UN
47	Insigne officiel de l'expédition de1938-1939	PD
51	Insigne officiel de l'Ahnenerbe	PD
54	Bundesarchiv, Bild 135-KA-10-072/Krause, Ernst	CCBY-SA3.0DE
55	Auteur: Mhwater	PD
57	Auteur: Tbachner	CCBY-SA3.0
61	Chronique de Schilling de Lucerne (1513)	PD
65	Wotan alias Odin, le Dieu Nordique	PD
70	Bundesarchiv, Bild 101I-295-1561-09/Müller, Karl	CCBY-SA3.0DE
71	Hermann Rauschning	PD
75	Saint-Loup en uniforme allemand, Smolensk, 1942	FU/UN
76	Le Zillertal vers 1898	PD
79	Auteur: WeskerX	PD
80	Tours de refroidissement à Siechnice, Pologne	PD
81	Photo d'un projet similaire : un Schallkanone	PD
82	Vraie Repulsine	PD
83	La Repulsine apparaît parfois comme OVNI nazi	PD
83	Photo rare de Foo Fighters	PD
85	L'OVNI d'Adamski, simple lampadaire	PD
85	L'appareil volant de Rudolf Schriever	PD
86	Prototype du Sack AS-6	PD
89	Bundesarchiv, Bild 141-0072/ inconnu	CCBY-SA3.0DE
93	Savitri Devi alias Maximiani Portasis	FU/UN
95	Miguel Serrano comme diplomate	PD
99	Salomon Trismosin - Splendor Solis	PD
101	Le Soleil Noir de la salle des Gruppenführer	PD
102	Gros plan du célèbre symbole du Soleil Noir	PD
103	Symbole du Soleil Noir stylisé	CCBY-SA2.0DE
104	Karl Maria Wiligut	FU/UN
106	Wilhelm Landig	FU/UN
108	Insigne du Soleil Noir	FU/UN
111	Sir Edward Bulwer-Lytton	FU/UN
113	Quetzalcóatl	FU/UN
115	H. Haber, Wernher von Braun, Willy Ley	PD
116	Vril: la force cosmique primordiale	FU/UN
119	Maria Orsitsch	FU/UN

Secrets nazis